Adolf Rutenberg

Die dramatischen Schriftsteller des zweiten Kaiserreichs

Adolf Rutenberg

Die dramatischen Schriftsteller des zweiten Kaiserreichs

ISBN/EAN: 9783743635173

Hergestellt in Europa, USA, Kanada, Australien, Japan

Cover: Foto ©ninafisch / pixelio.de

Weitere Bücher finden Sie auf **www.hansebooks.com**

Die dramatischen Schriftsteller des Zweiten Kaiserreichs.

Von

Adolf Rutenberg.

Zweite Auflage.

Berlin.
Verlag von Elwin Staude.
1874.

Inhalts-Verzeichniß.

	Seite
Vorwort	1
Die Dramatiker der Décadence	5
II.	27
III.	46

Vorwort.

Der nachfolgende Beitrag zur Geschichte der neuesten französischen Literatur ist zu Anfang des Jahres 1869 geschrieben, zu einer Zeit, wo der politische Mittelpunkt derjenigen Epoche, welche die Franzosen selber mit „la décadence" bezeichnen, noch unverrückt in seinen Angeln ruhte und der Traum gallikanischer Suprematie und Souveränität noch keinerlei gewaltsame Unterbrechung erfahren hatte. Seitdem hat diese Periode in mehr als einer Beziehung ihren Abschluß gefunden. Das Prestige des Kaiserreichs ist zerstört; die Republik, und zwar eine Republik von bisher undefinirbarer Beschaffenheit, hat die herrenlosen Prunkgemächer an der Seine blutgetränktem Strande zum dritten Mal bezogen. Wie lange sie dort zur Miethe wohnen und welche Gestalt überhaupt die chaotisch hin= und herschwankende französische Welt annehmen wird, wer möchte darüber schon jetzt mit voller Bestimmtheit aburtheilen. So viel scheint indessen sicher zu sein, daß eine Wiederkehr der alten kaiserlichen Schein=Herrlichkeit, verbunden mit der Verwirklichung napoleonischer Ideen, auf lange Zeit aus den Annalen der Geschichte Frankreichs gestrichen ist.

Wir können deshalb den kaum hinter uns liegenden Zeitab= schnitt der letztvergangenen beiden Dezennien mit Fug und Recht als einen abgeschlossenen, der Geschichte angehörenden Complex von Zuständen, als das Frankreich des zweiten Kaiserreichs, betrachten. Dieser Zeitabschnitt hat, insbesondere in literarischer Beziehung, einen wesentlich pathognomischen Charakter. Er begann mit einem

Verbrechen und endigte mit einem solchen. Die Zwischenzeit war eine Zeit des Glanzes und der imposantesten Machtentfaltung für Frankreich; aber diese nothwendigen Attribute der Kaiserherrschaft konnten dem Volke keinen Segen bringen, das sich zu diesem Zwecke in blutige und zum Theil ehrlose Händel mit andern Nationen einlassen mußte und dadurch die Gewohnheiten des Friedens und der innern Ruhe vollkommen verlor.

Nicht der kleinste Theil der Schuld fällt auf die Träger des Wortes, auf die Helden der Feder, auf die literarische Leibwache, mit welcher sich der neue Cäsar, der selber nach den Lorbeern des Verfassers der „Commentarien" lüstern war, zu umgeben für nöthig fand. Die Verbindung, in welcher das französische Volk mit seinen Geistesheroen, insbesondere mit denjenigen steht, welche die Welt der Bretter mit ihren Phantasiegebilden bevölkern, ist eine viel intimere, als die der deutschen Nation zu ihren Schriftstellern. Jeder französische Autor hat einen Schweif von Anhängern in seinem Gefolge, und jeder Franzose ergreift in literarischer so gut wie in politischer Beziehung Partei, stellt sich auf die Seite dieses oder jenes Schriftstellers, und betrachtet es als geistiges Lebensbedürfniß, mit den Ideen, welche dem Mittelpunkte der französischen Intelligenz, der Genossenschaft der Pariser Literatur entströmen, Schritt zu halten und in ein bestimmtes Verhältniß zu diesen Ideen zu treten.

Diese geistige Nachbarschaft, in welcher der französische Autor zu seinem Publikum steht, erhöht selbstverständlich die Bedeutung jeder literarischen Leistung und insbesondere jeder dramatischen Novität; aber sie erhöht gleichzeitig die Verantwortung des Verfassers, und verleiht seinen Werken einen um so einflußreicheren Charakter, als das consequent durchgeführte System der Centralisation, welches sich nur mit der guten Ernährung des Gehirns beschäftigt und alles Blut und alles Leben in das Haupt, Paris, hinaufpumpt, die übrigen Glieder des Staatsorganismus nur als die Trabanten des Haupt-Gestirns erscheinen läßt, die von diesem Licht, Wärme- und Cultur-Einfluß erhalten.

Aus diesen Gründen, sage ich, trägt die Décadence-Literatur einen sehr erheblichen Theil der Schuld an der moralischen Fäulniß, welcher die Gesellschaft des zweiten Kaiserreichs und mit ihr das ganze Land zum Opfer gefallen ist. Interessant ist es zu beobachten, wie sich die hauptsächlichen Vertreter dieser Literatur auf dem Gebiete des Dramas zu den Ideen gestellt haben, die eine unvermeidliche Folge eines von Verbrechen zu Verbrechen fortgeführten Regiments sind. Sie haben diese Ideen theils angeregt und begünstigt, theils sind sie von ihnen wider ihren Willen mitfortgerissen worden und haben dann nicht selten ihre progressiven Collegen noch überboten in der consequenten Durchführung des sogenannten Realismus, welcher aber nichts anderes ist, als der in die Sprache und in die Form der Kunst übersetzte Materialismus in seiner crassesten Erscheinung.

Ein trauriges Beispiel dieser Art von Schriftstellern ist Octave Feuillet, dessen Anfänge in einer ganz andern Himmelsrichtung lagen. Von ihm rühren Sätze her, wie der folgende: „le mépris des hommes est le commencement de la sagesse." Er ist der Schöpfer der stereotypen Charakterfiguren eines Montjoie und Mr. de Camors, welche in ihrer moralischen Ungeheuerlichkeit die monströsen Carrikaturen Victor Hugo in Schatten stellen. Und doch ist es weniger die Abnormität dieser Erscheinungen, die unser Interesse und fast unsere Verwunderung erregt, als vielmehr der Umstand, daß dergleichen Absurditäten zur Zeit ihrer Erscheinung als etwas Neues und Seltsames selbst von dem philosophisch gebildeten Volke der Deutschen begrüßt werden konnten.

Die Aufgabe der nachfolgenden Abhandlung ist daher wesentlich kritisch-polemischer Natur. Sie hat die Schwäche des Realismus aufzuzeigen, unter der äußern, glanzvollen Umhüllung den faulen Kern bloßzulegen und zugleich dem Riesen Goliath, als welcher der gallische Libertinismus sich gern vor der civilen deutschen Literatur brüstet, einige kräftige Kiesel an das großrednerische Haupt zu schleudern.

Diese Aufgabe ist durch die neuesten Zeitereignisse weder veränbert noch auch elibirt, sondern nur klarer bestimmt worden. Und so gelangt denn das Manuskript in seiner ursprünglichen Verfassung zum Abdruck. Möge dasselbe dazu beitragen, die französischen Sympathien des deutschen Volkes, welche von so verhängnißvoller Einwirkung auf unsere Geschichte gewesen sind, auf dem Gebiete der Literatur auf dasjenige bescheidene Maß zurückzuführen, welches dem wahren Gehalte und Wesen der hinter den Vogesen=Wall zurückgeworfenen Nation entspricht.

Berlin, Frühjahr 1871.

Der Verfasser.

Die Dramatiker der Décadence.

Ein großer Theil des öffentlichen Lebens in Frankreich concentrirt sich, wie dies der Charakter der Nation und der social-politische Zustand des Landes mit sich bringen, auf den Bühnen der Pariser Theater. Die kaum vergangene Tagesgeschichte muß dort noch einmal die Revue des Publikums paffiren, jenes argusäugigen Ungeheuers, welches über allen menschlichen Schwächen und Fehlern, seine eigenen nicht ausgenommen, mit rhadamantischer Strenge zu Gericht sitzt, das man verlachen, verhöhnen, selbst verachten, nur nicht langweilen darf, und dessen Urtheil, obgleich in Einzelheiten oft schief und verkehrt, in der Hauptsache und im Allgemeinen immer das Richtige trifft, und daher mit Recht als die letzte, ausschlaggebende Instanz in Angelegenheiten des Geschmacks, der Bildung und des öffentlichen Vergnügens betrachtet wird.

Daß nun aber gerade das Pariser Publikum einen fast absolut maßgebenden Einfluß auf die französische und somit indirect auch auf die deutsche Theater-Literatur der letzten beiden Decennien ausgeübt hat, das ist ein Umstand, der, einmal als feststehend angenommen, uns den Character der ganzen Epoche, die wir die Décadence nennen, offenbaren kann, und auf welchen sich alle Leiden und Freuden, aller Glanz und alles Elend, aller Witz und alle geistige Rouerie dieses merkwürdigen Zeitalters zurückführen lassen. Paris ist Frankreich. Dieser Satz, welcher zur Zeit der Romantiker noch ein Paradoxon genannt werden konnte, ist heutzutage ein Axiom geworden. Das Haupt auf Kosten der Glieder zu unterhalten, die ganze Lebenskraft der Nation in den großen weltstädtischen Apparat zu pumpen, um zu jeder Zeit jeden beliebigen Druck auf diese Pumpe und mithin auf das ganze Land ausüben zu können, das ist die consequent-egoistische Idee des Napoleonismus, und nur in der gründlichen Emancipation von dieser Idee ist endliches Heil für den geistigen Wohlstand des französischen Volks zu erblicken.

Sehr schwierig muß es unter diesen Umständen für den Verfasser von Theaterstücken sein, die Lösung der politischen Tagesfragen nicht geradezu zum Mittelpunkt des dramatischen Interesses zu machen, sondern dieselbe nur als etwas Beiherspielendes, gleichsam wie einen Geist zu behandeln, der im Hintergrunde über die Bühne schreitet, aber niemals in die volle helle Tagesbeleuchtung tritt. Denn die Politik kann und darf nur als Würze der theatralischen Schüsseln benutzt werden, sie darf ebenso wenig wie die Moral, Zweck oder Absicht der Comédie sein, die dadurch ihren Charakter als Zeitspiegel und elektrisches Licht, in welchem der Ernst des Lebens in leuchtende Witzfunken aufgelöst wird, verlieren und zu einem bloßen Echo der Zeitungsnachrichten werden würde. Der bedeutende künstlerische Takt der Franzosen hat das Pariser Publikum vor dergleichen Ungeheuerlichkeiten von politischen und patriotischen Dramen bewahrt, wie sie leider auf den deutschen Bühnen der Gegenwart ein förmliches Repertoirrecht erlangt haben.

Nichts desto weniger hat auch in Frankreich die Theater-Muse nicht umhin gekonnt, sich den Interessen des praktischen Lebens mehr als je zuzuwenden. Was gilt den Menschen des zweiten Kaiserreichs Kunst und Poesie auf der Bühne? Dank dem Napoleonischen Centralisations-System haben sich Eitelkeit und Egoismus derartig in den Köpfen der Pariser centralisirt, daß sie nur noch an Darstellungen aus der Sphäre ihrer eigenen durch und durch faulen und verrotteten gesellschaftlichen Zustände Gefallen finden, und die beliebtesten Theater-Schriftsteller ihre Motive aus folgender edlen Gesellschaft entnehmen müssen: Verführung, Ehebruch, Entführung, Duell, Todtschlag, Prostitution, Schwindel, Industrie-Ritterthum und alle Arten von Verbrechen. Die Theater-Kritik nennt dergleichen Fabrik-Waare mit einem Schmeichel-Namen Sittenschilderung, Zeit-Gemälde, sociales Drama. Wir wollen uns vorläufig damit begnügen, die Haupt-Richtung der französischen Theater-Dichtung ungefähr angedeutet zu haben und um zu übersehen, daß und wie eine sonst nur den idealisten Zwecken der Menschheit gewidmete Kunstgattung bis zu einer derartigen Verhärtung des crassesten Realismus degeneriren konnte, eine kurze Geschichts-Darstellung des französischen Theaters und seiner Erlebnisse seit dem Entstehen einer neuen politischen Geschichte Frankreichs, seit der französischen Revolution, vorausschicken.

Schon die Vorgänger dieses ungeheuren Weltdramas hatten sich, wenn auch nur in sehr beschränkter Weise, mit der Lösung der socialen Frage beschäftigt; aber die zu Anfang und um die Mitte des vorigen Jahrhunderts in Frankreich pestartig herrschende gesellschaftliche Apathie ließ keine ernsthaften Bestrebungen in dieser Richtung aufkommen, und die Cavaliere an den Höfen Ludwigs XV. und XVI. trieben scherzweise philosophische Studien, ergötzten sich an der feurigen, revolutionairen Beredsamkeit eines Rousseau, und ließen es selbst geschehen, daß Beaumarchais' „Figaro" über die Bühne ging, trotzdem die Reden dieses Königs-Spaßmacher manch kräftigen Stoß gegen veraltete Adels-Privilegien führten und in manche wunde Stelle des socialen Organismus ätzende Satyre träufelten.

Aber Beaumarchais' „Figaro" wurde vor einem Publikum von Hofleuten aufgeführt.

Es gab noch keinen dritten Stand, keine bürgerliche Gesellschaft im social-politischen Sinne des Wortes, folglich konnte es auch kein bürgerliches Schauspiel geben, welches die Rechte des Herzens, die Freiheit des Gefühls, den Werth der Arbeit gegen die Anmaßungen der sogenannten guten Gesellschaft, gegen die Privilegien einer nicht arbeitenden Aristokratie hätte vertheidigen können.

Beaumarchais' Davidschleuder war mit Carnevals-Putz garnirt, und man duldete die impertinenten Bonmots seines Figaro, weil sie, wie eine Bonbon-Devise sich mit einer süßen Schminke versehen, dem Gaumen der höchsten Herrschaften präsentirten und denselben mehr kitzelten als stachelten. Man mußte lachen bis zu Ende, und das Nachdenken war nicht Sache einer Zeit, die sich fast geflissentlich des Denkens entwöhnt hatte.

Molière, der Vorgänger Beaumarchais', war ein Genie und darum ein Prophet, ein Dichter der Menschheit, kein bloßer französischer Schriftsteller. Er behauptet eine Ausnahmestellung in der Literatur-Periode, der er angehört: die Fackel seines Genies leuchtet über die Abgründe des menschlichen Gemüths; sie ist kein schwach glimmendes Räucherkerzchen, wie die Marivaux, die Detouches u. a. die Modethorheiten, die Schwächen seiner Zeit sind zu klein für die Perspective dieses großen Geistes; er geißelt die Thorheit der Menschen; seine Figuren sind wirkliche vollendete Charakter-Figuren, keine bloße, dem Leben nachgezeichnete und mit den Fehlern der Subjektivität und Individualität behaftete Silhouetten oder Photographien. Molière nimmt z. B., um die Scheinheiligkeit als Laster nicht als Parteizweck zu geißeln, zum Ausgangs-Punkt seiner Comödie einen einzigen Charakter, den er Tartuffe nennt und dessen Vor-

bild allerdings der damaligen Hof-Gesellschaft entlehnt war, der
aber noch heutzutage in seinen Grundzügen so vollkommen der allge=
meinen Idee der Scheinheiligkeit entspricht, daß er zum Prototyp
dieser nie aussterbenden Menschenklasse geworden ist. Augier, der
moderne Molière, stellt in seinem „fils de Giboyer" die Bigotterie
von einer bestimmten Seite als Gesinnungs-Ausdruck der Partei
der „Klerikalen" dar. Er führt uns drei Personen, deren Vorbilder
gleichfalls der Wirklichkeit entlehnt sind, einen Altadligen, ein Mit=
glied der Geistlichkeit, einen reichgewordenen Bourgeois als Vertre=
ter der klerikalen Partei vor, um an den Bestrebungen dieser drei
Personen die Hauptzüge der politischen Bigotterie zu exponiren.
Das Interesse an dem Augier'schen Stück bleibt daher in dem engen
Bezirk eines Zeitgemäldes, einer Geschichtsstudie ohne tiefern, philo=
sophischen Hintergrund. Vieles in diesem Gemälde ist ohne Kennt=
niß der speciellen Beziehungen und Thatsachen, welche wirklich vor=
gekommen sind, unverständlich; das Meiste verliert seinen Werth
mit der Zeit, in der die dargestellte Begebenheit sich ereignet hat.
Molière schrieb und dichtete eine Anklageschrift gegen die Heuchler,
die Mantelträger der Frömmigkeit; er verwundete sie im Herzen,
indem er dieses Herz aufdeckte und uns seine wahre Gestalt in Form
der Geilheit und Unzucht zeigte. Augier verfaßte ein Partei-Plai=
doyer gegen die orthodoxe Richtung in der Kirche; aber er gewann
seinen Prozeß nicht. Denn ein Mal läßt sich auf der empfindlichen
Wagschaale der aesthetischen Gerechtigkeit die positive Schwere des
Rechts zweier politischen Parteien nicht abwägen, und zweitens
konnte es aus demselben Grunde dem Verfasser nicht gelingen, die
politische Tendenz seines Stückes im Einklang mit der psychologischen
Entwickelung zu halten. Den Charakteren im „fils de Giboyer" ist
es offenbar nicht Ernst mit ihrer religiösen oder klerikalen Richtung,
sondern die Hauptsache sind für sie die nebenher sich abwickelnden
Liebes- und Heiraths-Intriguen. Tartuffe, obwohl nur ein falscher
Parteigänger der Kirche, wird doch niemals seinem Charakter unge=
treu; er ist in demselben vielmehr so befangen, daß er daran zu
Grunde geht. —

    Wir werden später diesem fast diametralen Gegensatz zwischen
der wahren und der imitirten Comödie noch ein Mal begegnen,
wenn wir uns der eingehenden Kritik der ganzen modernen Kunst=
Aera im Drama zuwenden.

    Auf die Zeit des Rococo und der politischen Scheinheiligkeit, in welcher ein Marivaux und Piron ihre zierlichen Nippesfiguren an seidenen Fädchen mit graziös-frivolen Calembour-Pirouetten über die Bühne bewegten, folgte die Sturm- und Drang-Periode der französischen Literatur und endlich der orkanartige Ausbruch der Volksleidenschaften, welcher das Unterste zu oberst kehrte und mit den Reifröcken und Schminkpfläſterchen der Hofdamen auch den Puder- und Schmetterlingsſtaub der Hofpoeten in das Nichts der Guillotine wirbelte.

Die Tempel der Kunſt ſtanden leer; in den Theatern wurden politische Versammlungen abgehalten, die Schauſpieler ergriffen die Fahne des Aufruhrs und ſtatt auf dem Podium, wurden auf den Barrikaden, auf der Tribüne, in den Gefängnissen, am Ende auf dem Schaffot jene erhabenen und schrecklichen Scenen zur Aufführung gebracht, an denen das Volk sich zugleich als Akteur und Publikum betheiligte. Wo indeſſen die Luſt am Theatralischen, die ja ein hervorstechender Charakterzug der franzöſiſchen Nation ist, sich geltend machte, da geschah es mit einer entschiedenen Vorliebe für das antike Ideal oder doch wenigſtens für das, was die Revolutions-helden daiür hielten.

Wenn auch aus verschiedenen Gesichtspunkten, vereinigte ſich der republikaniſche und der ſpätere kaiſerliche Tendenz-Geſchmack in dem Gefallen au Tragödien, welche Scenen aus dem nervigten Alter-thum und die Großthaten der dämoniſchen Figuren eines Cäſar, Cid, Alexander u. ſ. w. verherrlichten. Beide ſich in faſt directen Gegenſätzen bewegende Epochen liebten den großen Faltenwurf der Leidenschaft, das Schlachtengetöſe, den Tod und den Schrecken; nur daß freilich Napoleon diejenigen Stücke bevorzugte, in denen die Herrlichkeit und Schickſals-Gewaltigkeit der Eroberer den Sieg über den Widerstand der Völker davontrug; während der National-Konvent durch ein Dekret aus dem Jahre 1793 anordnete, die Theater sollten nur solche Stücke, in denen die Freiheit triumphirt, wie Brutus, Timoleon, die Räuber u. ſ. w. zur Aufführung bringen. —

Gegen dieſen zwangsweiſen Geschmacks-Cours, mit dem wieder die ſteifleinene Unnatur des ancien régime und der paradirende Pomp einer imaginären Größe auf dem franzöſiſchen Theater ein-heimisch geworden war, reagirte die Restauration und die zurückkehrende Emigration, jedoch ohne nachhaltigen Effekt und ohne Energie dramati-ſcher Spannkraft. Die Memoiren- und Roman-Literatur in dem ganzen Umfange ihrer überall einheimiſchen, aber nirgends durchdringenden,

Alles in ihr Bereich ziehenden, aber Nichts erschöpfenden Geschwätzigkeit beherrschte unter den beiden letzten Bourbonen den literarischen Markt Frankreichs.

Erst die Juli-Revolution ließ aus dem lange genug brachgelegenen Boden des alten, ein neues, junges Frankreich erstehen, welches durch gemeinsame Neigungen und Bestrebungen mit dem jungen Deutschland associirt, jene Epoche der Weltliteratur, welche wir die romantische nennen, in einer Revolutions-Nacht als einen neuen Völkerfrühling, an das Tageslicht brachte. Das „inter, arma silent musae" hatte für die Ritter und Schildträger der Romantik seine Grundwahrheit verloren. Die Musen stellten sich vielmehr in Reihe und Glied, wo es galt, die Rechte des unterdrückten Volkes zu verfechten und gegen das Unrecht seiner Unterdrücker anzukämpfen. Wenn aber, Mangels eines einheitlichen nationalen Bewußtseins, in Deutschland die romantische Dichtkunst ohne eigentliche politische Wirkung blieb, so artete dagegen in Frankreich der literarische Kampf für die Freiheit der Meinungen und den Liberalismus der politischen Grundsätze in eine vollkommene Revolution gegen alle bestehenden Gesetze der Kunst, gegen alle technischen Traditionen, ja selbst gegen Schönheit und Wahrheit aus, und die letzten Ausläufer dieses, mit der poetischen Guillotine bewaffneten summarischen Antiklassicismus erstrecken sich bis in die heutige Periode.

Die Natur des Dramas bringt es indessen mit sich, daß es vor den allzu heftigen Eifersuchtsscenen literarischer Parteien bewahrt bleibt. In allen Prozeßstreitigkeiten um das Mein und Dein im Reiche der Musen nimmt die dramatische Kunst eine Art juste-milieu-Stellung ein; die Bühne ist nicht recht dazu geeignet, nur zu bloßen Versuchen, wie sich diese oder jene Mode und Manier der Kunstdarstellung ausnehmen möchte, die durch den Kothurn eines Sophokles und das edle Pathos eines Corneille geheiligten Bretter herzugeben. Man liest über viele Dinge in Romanen, Gedichten, ja selbst in Schauspielen — ich erinnere hier nur an die Shakespeare'schen — gleichgiltig oder doch ohne erheblichen Anstoß hinweg, während uns dieselben Redensarten, aus dem Munde von Schauspielern auf der Bühne ausgesprochen, als eine Verletzung des guten Geschmackes erscheinen würden. Es ist deshalb natürlich, daß jene Rückkehr zur crassen Naturwahrheit, welche eine nothwendige Folge der Reaktion gegen das hyperheroische Pathos des Revolutions-Zeitalters war, sich zunächst auf dem Gebiete des Romans, der schreibenden Kunst, vollziehen mußte.

Eugen Sue, in seinen „mystères de Paris," ist insofern als der Hauptrepräsentant dieser Richtung des consequenten Realismus zu bezeichnen, als er denselben nicht nur theoretisch als Kunstgattung, sondern auch praktisch durchführte, indem er die Lösung socialistischer Probleme innerhalb der Kapitel eines Romanes versuchte und die krankhaften Stellen an und in dem Organismus der großstädtischen Societät mit fast systematischer Gewissenhaftigkeit aufzeigte und bloslegte. Aber hiermit hatte er auch seiner eigenen Muse die Hände abgehauen. Der Romandichter muß auf die Rolle eines Agitators und Reformators der Gesellschaft verzichten oder aufhören, Romandichter zu sein. Die Fragen des Weltbürgerthums, die großen Streitfragen der menschlichen Gesellschaft, können durch die leichtbeschwingte Feder des Romandichters nicht zum Austrage gebracht werden, indem man, wie neuerdings unser Spielhagen in seinem: „in Reihe und Glied" gethan, den Helden des Romans an der Unauflöslichkeit jener Probleme zu Grunde gehen resp. das System an der Stelle des Helden triumphiren läßt. Aber bei Spielhagen ist und bleibt dieser Kampf mit dem Drachen „vierter Stand" nur der dunkle Hintergrund; während vorne, auf der eigentlichen Romanbühne, die schönsten poetischsten Gestalten der Liebe und Ehre, und alle Herrlichkeiten der kleinen großen Welt vorüberschweben. Sue dagegen veranlaßt die Phantasie seiner Leser zu einer ernsthaften Bekanntschaft mit allen jenen scheußlichen Mißgestalten, die aus dem Sumpfe des verworfensten, lasterhaftesten Daseins einer weltstädtischen Populose, aufsteigen und aus einem wunderbaren Instinkte der Natur selber das Tageslicht scheuen, während sie nun von dem Zauberstabe des Sittenschilderers gezwungen werden, ihre ekelhaften Kapriolen einem ganzen schaudernden Publikum zum Besten zu geben. Sue's Talent mußte, wie gesagt, an der Consequenz dieser unnatürlichen Naturschilderungen zu Grunde gehen; das nec plus ultra war in den „Pariser Geheimnissen" geleistet; darüber hinaus lagen nur noch die Wüste und die Sündfluth, d. h. die Wahnsinnsgebilde der menschlichen Phantasie, in deren Darstellung er dem poetischbegabteren Victor Hugo nicht gewachsen war. Der Letztere hat, wie er in seiner Vorrede zu den „Meerarbeitern" behauptet, die dreifache Ananke, die auf dem Menschen lastet, der Dogmen, der Gesetze und der Dinge in seinen drei Hauptromanen: „Notre Dame de Paris," „les Misérables," „les Travailleurs de la mer," zum Vorwurf genommen. Aber auch er ist mit seinem Vorhaben an der Consequenz der Consequenz gescheitert. Gilliat, der Held des letztgenannten Romans, ist ein genialer Idiot, ein Robinson der modernen Gesellschaft. Ohne irgend welche technischen oder wissenschaftlichen Kenntnisse, aber mit einer außerordentlichen Körper= und Geisteskraft ausgerüstet, unternimmt er, um sich die Geliebte zu gewinnen, die Rettung eines an der normännischen Küste Frankreichs gescheiterten Dampfers und führt dieselbe auch glücklich durch, worüber uns der Verfasser auf 350 Seiten die genauesten Details, die für den eigentlichen Inhalt des Buchs ohne jedes Interesse sind, mit der Treue eines Lehrbuch=Schreibers auseinandersetzt. Gilliat hat nichts als Lesen und Schreiben gelernt, aber durch das bloße Bewußtsein seiner heroischen Natur — sagen wir lieber Unnatur — gelingen ihm alle Erfindungen, die je ein Mensch vor ihm gemacht hat und nach ihm machen wird, und er weiß aus sich heraus Alles, was die größten Naturforscher müh= sam entdecken.

Ein anderer ähnlicher monströser, d. h. unmöglicher Charakter ist Clubin, der schurkische Ehrenmann. Dieser ist ein Mann, bei dem Gewissenhaftigkeit, Redlichkeit, Geschäftstreue bis zur Pedanterie ausgebildet sind. Aber er hegt von frühester Jugend an die Absicht, einen einzigen Schurkenstreich auszuführen, bei welchem er mehr ge= winnen will, als andere mit zwanzig und wobei er doch keine Ge= fahr der Entdeckung läuft.

Victor Hugo giebt sich Mühe, mittelst einer mehrseitigen, sehr künstlichen Darstellung uns die Möglichkeit eines solchen Charakters plausibel zu machen, er nennt ihn „einen Seeräuber von sanften Geberden," „einen Gefangenen der Redlichkeit," „einen, der einge= zwängt liegt in dem Mumiensarg der Unschuld." Aber können uns alle diese Redensarten wohl von der unumstößlichen Wahrheit ab= wendig machen, daß ein schlechter Charakter sich nur in schlechten Handlungen offenbaret? Und als nun Clubin, der in der Haut eines Ehrenmannes steckende Bandit, endlich jenen lange beabsichtigten Gaunerstreich ausführt, da wartet seiner die schrecklichste Strafe, welche die gefolterte Phantasie eines Fieberkranken jemals erdacht hat. Clubin wird von einem mythischen Meerungeheuer, einer Krake, zum Frühstück verzehrt; die Krake, eine Art Blutegel en gros, saugt aber nur sein Blut, und alsdann kommen die Krabben aus dem Meere und fressen ihm das Fleisch so gründlich von den Knochen, daß sein Skelett einem anatomischen Präparate gleicht. So endet Clubin und so endet auch der Roman. Victor Hugo, der die Be= scheidenheit besaß, sich einem Shakespeare gleichzustellen, hat mit diesem Kraken=Krabben=Stück die Grenzen nicht nur der Poesie, son=

dern auch die des gesunden Menschenverstandes überschritten und muß vor dem Tribunal der aesthetischen Rechtsprechung für wahnsinnig erklärt werden.

Der erste Versuch desselben Schriftstellers, auf dem Felde der dramatischen Literatur, dem großen Britten ein Paroli zu bieten, war jenes zum ersten Male im Dezember 1832 in Paris aufgeführte Stück: „le roi s'amuse," welchem die Ehre zu Theil wurde, nach seiner ersten Aufführung durch das Ministerium Louis Philipps verboten zu werden, und welches dem Dichter Gelegenheit gab, in einem Anklage=Prozeß vor Gericht das ganze Füllhorn seiner blüthenreichen und betäubenden Beredsamkeit auszuschütten. Nichts desto weniger ist das Stück in Vergleichung mit dem ein ähnliches Sujet behandelnden „ersten Theil" des Shakespeare'schen „Heinrich IV." ein elendes Machwerk, ein Beweis, daß die wahre Romantik auf französischem Boden nur als Stink= und Sumpf=Pflanze gedeiht. Das Motiv des Stückes sind die Liebes=Abenteuer Franz I. Aber während Shakespeare seinen in ähnlichem Falle befindlichen englischen Königssohn es „der Scene gleichthun läßt,

>Die niederm schädlichen Gewölk erlaubt,
>Zu dämpfen ihre Schönheit vor der Welt,
>Damit, wenn's ihr beliebt sie selbst zu sein,
>Weil sie vermißt ward, man sie mehr bewundre,"

ist Victor Hugo's roi s'amusant ein ganz gemeiner Bruder Liederlich, der von seiner ganzen fürstlichen Natur nichts als die Schonungslosigkeit übrig behalten hat. Das Ende des Stücks ist auch hier der Gipfelpunkt einer ganzen Reihe von Scheußlichkeiten und Unsittlichkeiten, der so ungemein nahe an den Gipfelpunkt des Lächerlichen und Abgeschmackten grenzt, daß man die dazwischen liegende Kluft von Hohlheit und Leerheit nicht sieht und mit sehenden Augen in dieselbe hineinrennt. Der König hat die schöne Tochter seines buckligen und boshaften Hofnarren Triboulet verführt. Dieser, der sein Kind zärtlich liebt und den König ohnedies haßt, weil er König ist und — keinen Buckel hat, miethet einen Banditen, der den König unter dem Vorwande, ihn mit dem schönsten Mädchen von Paris bekannt zu machen, in ein Haus locken und bei guter Gelegenheit in die andere Welt befördern soll. Das Stück endet dann bekanntlich damit, daß nicht der König, sondern Triboulet's Tochter, welche sich für ihren königlichen Verführer aus Liebe opfert, ermordet wird; daß Triboulet, der von dem Betruge nichts ahnt, den Leichnam seiner Tochter in einem Sacke fortschleppt, und, als er nun in dem vollen Bewußtsein seines Triumphes schwelgen will, über dem noch zuckenden Körper seines eigenen Kindes ohnmächtig zusammenbricht. Ja, ja, Herr Triboulet, man soll keine Katze im Sacke kaufen; das ist die Moral der Geschichte.

Wie konnte Herr Hugo, der große Poet und Menschenkenner, einen solchen Unsinn auf's Theater bringen?! Er hätte sollen einen Roman, eine Gespenstergeschichte daraus machen, und man hätte sich die Ohren zugehalten vor Grauen; das Erschrecken wäre bis in das innerste Mark gedrungen; aber wenn man gezwungen ist, dergleichen mit Augen zu sehen und zwar bei dem hellsten Lampenlicht, in Mitten einer Masse vernünftiger Geschöpfe, so muß man unwillkürlich lachen oder doch wenigstens lächeln. Shakespeare hat unzweifelhaft grauenhaftere Scenen; aber bei ihm ist der Schmerz gesund; man empfindet nicht Ekel über die Widernatürlichkeit unnützerweise gehäufter Seelen- und Körperqualen. Das Ungeheure hat seine Art Wohlgestalt, es darf nicht verzeichnet werden. Das Verbrechen selbst muß in der Kunst auf moralischen Füßen stehen; es darf sich nicht, wie bei Hugo geschieht, im Kothe der Gemeinheit wälzen, es darf nicht gegen den Strich gebürstet sein. Die tragische Kunst verträgt nun einmal seit Anbeginn ihrer Herrschaft keine dämonische Vergewaltigung; nur der „Leidenschaften reine Menschlichkeit" darf die Zügel ihrer Regierung führen. Die tragische Kunst! Ja, wenn die Herren Franzosen überhaupt eine Ahnung von ihrem Wesen, wenn sie überhaupt einen Sinn für ihre Wirkung hätten. Dazu aber fehlt ihnen die Freiheit des Urtheils, der geistige Republikanismus, die moralische Unabhängigkeit. Der französische National-Charakter ist vorwiegend weiblicher Natur; der Franzose dient gern, läßt sich gern beherrschen und gerade da am liebsten, wo er am ehesten gebieten könnte, auf dem Felde des Geschmacks, im Reiche der dramatischen Literatur. Seit Voltaire ist die aesthetische Diktatur zwar nie auf lange Zeit in einer einzigen absoluten Hand vereinigt gewesen; aber Victor Hugo hat seiner Zeit vielleicht am längsten und schonungslosesten das Scepter einer literarischen Circe gehandhabt.

Freilich wollte er Nichts weniger als ein Diktator sein; er proklamirte vielmehr die Freiheit und die Menschenrechte. Aber was war der Erfolg dieser Proklamation, was trat an die Stelle der alten Zeit-, Orts- und Handlungs-Einheit? die Nacktheit, die Schamlosigkeit, die Prostitution. Die alte französische Kunst ging im Reifrock; die griechischen und römischen Helden erschienen in den Corneille'schen und Racine'schen Stücken als wohlfrisirte französische Hofleute mit Galanterie-Degen und gesticktem Rockkragen. Das war lächerlich, abgeschmackt, ungesund, naturwidrig. Aber zwischen Reifrock und Haut liegt noch manches Kleidungsstück, man soll die Kunst nicht bis auf die Haut ausziehen. Und selbst das könnte man sich gefallen lassen, wenn es mit Anstand und Geschmack geschähe; man könnte sagen: der Gegensatz ist zwar auf die Spitze getrieben, aber die Sache doch nicht auf den Kopf gestellt; man könnte so etwas noch mit Vergnügen ansehen; es wäre doch keine Schinderei. „Victor Hugo und seine Nachahmer schinden Alles, alle Gefühle, alle Leidenschaften, alles Gute und Böse. Sie zeigen uns nicht den Tod, nicht den einfachen menschlichen Schmerz, sie haben kein Erbarmen mit ihren Opfern, sie lassen sie bei lebendigem Leibe umkommen; sie lassen selbst den Todten keine Ruhe, sie zeigen uns noch den faulenden Kadaver und frohlocken, wenn sie die Fäulniß so natürlich dargestellt haben, daß wir uns mit angehaltenem Athem abwenden müssen."*) Es ist dies nicht die Poesie der Krankheit; die wäre zu ertragen, denn die Krankheit ist etwas Natürliches, Menschliches; die Häßlichkeit, die moralische, wie die physische, ist nur die andere Seite der Schönheit und sie gehört daher mit in das Gemälde des Lebens, um dem Licht seinen Schatten, der helleren Farbe ihren dunkleren Kontrast gegenüberzustellen. Es sind Ausgeburten einer durch und durch inficirten Phantasie, denen wir in den Sue'schen und neueren Hugo'schen Romanen begegnen; es sind Mißgeburten, aesthetische und moralische Mißgeburten, die man zum Schrecken der Nachwelt im Spiritus aufbewahren sollte, unter Larven und Mumien, nicht unter den ewig-lebendigen Gestalten der Poesie und Schönheit. Nur ein blinder Fanatismus vermag diese dunkeln Flecken zu verkennen, welche dem Namen Victor Hugo's, der einst die Sonne Frankreichs war, als ein unauslöschlicher Makel anhaften. Der Vorwurf trifft weniger die Nation im Ganzen, als jene zahlreichen Klopffechter der aesthetischen Literatur, welche, weil ihnen der freie Blick und die Unbestechlichkeit des Urtheils fehlt, auf die Worte des Meisters schwören und wie Sklaven vor seinem Triumphwagen einherkeuchen. Die Nation im Ganzen, sage ich, ist nicht Schuld. Sie kennt, achtet und liebt ihre wahren Poeten und Freiheits-Apostel, welche über dem Standpunkte der Eitelkeit und

---

*) Börne, Pariser Briefe. Bd. 13. S. 85.

des Egoismus erhaben, ihre Blicke auf die Weltliteratur gerichtet haben und die falsche Apotheose einer gallikanischen Suprematie verachten. Sie haben nicht umsonst gelebt: die Lamartine, Chateaubriand, Béranger, Alfred de Musset, und die geborne Heldin des Romans: G. Sand. So lange das Andenken ihrer herrlichen Schöpfungen in dem französischen Volke lebendig ist, darf die Hoffnung auf die Wiederbelebung der literarischen Alliance zwischen Frankreich und Deutschland*) nicht aufgegeben werden. Die letzten Decennien waren einer solchen Verbrüderung allerdings Nichts weniger als günstig. Zu keiner Zeit ist die wechselseitige Ausplünderung, die literarische Piraterie in umfassenderer und schamloserer Weise betrieben worden, woran freilich auch die mangelnde Produktivität der Neuzeit zum großen Theile mitschuldig ist. Sind doch viele von unsern effectvollsten deutschen sogenannten Original-Lustspielen nur elende, aus französischen Lappen zusammengenähte Flickwerke!

Jedoch wollen wir nicht verkennen, daß es auch in Mitten der romantischen Wildniß an lieblichen Oasen nicht fehlt, wo der Freund echter Poesie vor den Marter-Instrumenten der „Söhne der Wildniß" sicher ist und eine wahre Erquickung der Phantasie genießen kann. Zu diesen Einsiedlern der Romantik rechne ich vor allen Honoré de Balzac. Sein eigentliches Feld ist freilich nicht das Drama, sondern der Roman; aber alle seine Romane, sowohl die philosophischen, wie die Studien aus dem Pariser und dem Provinzial-Leben, selbst die mit wissenschaftlicher Ausführlichkeit behandelte „Physiologie der Ehe" haben dramatisches Colorit, alle zeugen von einer seltenen Lebendigkeit und Wahrhaftigkeit der Anschauung und Darstellung, und bilden ein vortreffliches Gegengewicht gegen die phrasenreichen Schilderungen eines Hugo und die nitrirten, in der Bilderbogen-Manier ausgetuschten Zeichnungen eines Sue. Balzac's Schriften erinnern durch ihre drastische Schreibart, ihre humoristische Färbung und die mit niederländischer Reinlichkeit und Akkuratesse ausgeführte Detail-Malerei an unsers E. T. A. Hoffmann Novellen, vor denen sie sich durch größere Klarheit der Diktion in allen Gefühlssachen und durch eine überreiche Mannigfaltigkeit der Motive vortheilhaft auszeichnen. Balzac's Phantasie ist in allen Winkeln und Mysterien unserer mikrokosmischen Interessen, Leidenschaften,

---

*) Dieselbe ist neuerlich wenigstens theilweise und der Form nach durch den zwischen dem norddeutschen Bunde und Frankreich abgeschlossenen internationalen Vertrag zum Schutze des geistigen Eigenthums eine Thatsache geworden.

Geschäfts= und Glaubensangelegenheiten zu Hause. Er schleppt irgend ein altes Geräthe, eine längst vergessene Reliquie, ein Stück Kinderspielzeug, eine Narrenkappe oder ein verrostetes Komödianten= schwert aus der Rumpelkammer einer alten Herberge an das Tages= licht hervor und gebraucht dasselbe, um damit „der Vorzeit silberne Gestalten" heraufzubeschwören; oder er kauft in einer ärmlichen Trödelbude einen vergilbten alten Schmöker, blättert darin und er= zählt euch nun die wunderbarsten Geschichten von dem Schicksale dieses Buchs. Er umgiebt diesen unscheinbaren Schweinslederband mit dem ganzen Nimbus einer poetischen Vergangenheit; er läßt ein junges, schönes, blondgelocktes Mädchen, mit einem Teint von Lilien und Rosen, vor euch erscheinen, wie sie in diesem Buche liest, wie eine stille Thräne der Rührung nach der andern über ihre Wan= gen gleitet, wie sie sich des lange verhehlten Geheimnisses ihrer er= sten einzigen Liebe auf einmal bewußt wird. Plötzlich verschwindet dieses heitere Bild, und ihr begegnet jenem jungen Mädchen wieder mitten im Menschengewühl der Pariser Straßen; sie ist nun nicht mehr jung und schön; aber sie erkennt das Buch wieder und wiede= rum muß sie weinen, weinen um ein verlorenes, vielleicht nie be= sessenes Glück.

Aber mehr noch als auf alte Raritäten von Möbeln versteht sich Balzac auf die psychologische Antiquitäten=Kunde. Meisterhaft sind seine Schilderungen solcher stehengebliebener Möbel von Cha= rakteren und Menschen; in einer Specialität steht er aber unerreich= bar da: in der Genre=Malerei des Hagestolzenthums. Und diese Genre=Malerei ist für ihn keine bloße Bravour=Manier, seine glän= zende Technik zu zeigen. Indem er die Schwächen und Mängel des Garçon=Lebens mit der ganzen Schärfe eines Holzschnitt=Künst= lers aufzeichnet und mit leichten Tinten den poetischen Hintergrund des glücklicheren ehelichen Daseins andeutet, kämpft er zugleich für die Rechte des letzteren und läßt uns wundervolle Blicke in die Tiefen des weiblichen Gemüthslebens thun. Und mit diesem Bestre= ben stellt er sich entschieden auf die Seite der germanistischen Lebens= Anschauung. Balzac's Romane sind trotz mehrfacher Versicherungen des Gegentheils, nicht im Geringsten frivol. Wir können sogar mit gutem Gewissen der deutschen Frau keine bessere Lektüre anempfehlen, als die schon erwähnte „Physiologie der Ehe." Sie enthält das moralische Glaubensbekenntniß Balzac's und wessen Phantasie nicht blos an der Oberfläche, an dem Buchstaben haftet, wer gern mit warmer voller Hand die Frucht vom Baume bricht und Geschmack

hat auch an den bunkleren Blumen des Dichtergartens, der findet bei der Lektüre Bazac's seine Rechnung; der findet bei ihm eine wohl=
bestellte, reichgeschmückte Tafel, wenn er auch hier und da einem un=
bekannten Gerichte begegnen mag.

I.

In der neusten Periode der französischen Dramatik interessirt uns zunächst als ein aus früheren Zeiten überkommenes, aber immer noch lebensfähiges und keineswegs ausgenutztes Genre das Scribe'sche Intriguenstück.

Dasselbe hat eine Art Unsterblichkeits=Recht bei den Franzosen erlangt, d. h. die Intrigue ist so sehr das enfant gâté des französi=
schen Theaters geworden, daß wer diese Schwachheit auf geschickte Art zu benutzen versteht, immer sicher sein wird, wenigstens einen succés d'estime zu erreichen, und sollte die Intrigue selbst auf Kosten der Wahrheit und des realen Zusammenhanges der Dinge durchgeführt sein. Und in der That haben auch die Vertreter der neuesten dramatischen Tendenzen, so sehr sie auch bestrebt sein mögen, dem Realismus anstatt der bloßen Schein=Effekte zu seinem Rechte zu verhelfen, sich nicht vollständig von jener Neigung zum Intriguiren emancipiren können, sondern dieselbe vielmehr, wenn auch nur als Reform= und Nothbehelf angewendet, um ihren Stücken jenes spannende Interesse zu verleihen, welches bis zu Ende anhält und nicht eher erlahmt, als bis der letzte Faden des Intriguen=
Knäuels abgesponnen und der Verstand der Zuhörer wieder in integrum restituirt ist. Es wird in der Folge an einigen Augier'schen und Sardou'schen Stücken die praktische Wichtigkeit dieser Bemer=
kung bestätigt werden.

Die Intrigue ist, um uns mit dem Begriff derselben ein für alle Mal abzufinden, eine Form der Lebensanschauung; sie ist keines=
wegs eine bloße Kunst, ein beabsichtigtes Ziel auf dem zweckgemäße=
sten Wege zu erreichen. Zwar ist zuzugeben, daß im praktischen Leben der gerade Weg nicht immer der beste und die gerade Linie nicht immer die kürzeste Verbindung zwischen zwei Punkten ist; das Leben hat viele Ecken, Krümmungen, Hebungen und Senkungen, die sich nicht immer mit einer einfachen Anstrengung des Willens fortträumen lassen, sondern die auf Schleichwegen unter Anwendung von Listen und Pfiffen umgangen oder überbrückt sein wollen. Auch sind, wo verschiedene Kräfte feindlich gegeneinander wirken, die Faktoren der andern Partei in Rechnung zu ziehen; der Löwe

wird in einem Netz gefangen, welches der schlaue Fuchs umgeht, der nachher die Schlinge, die ihm gelegt war, selber um den Hals seines Gegners zuzieht. Die Intrigue aber begnügt sich nicht mit einer solchen objektiven Verschlingung der Knoten, wie sie im gewöhnlichen Leben durch die Feindseligkeit der Sonder-Interessen einzutreten pflegen; die Intrigue erfindet vielmehr Schwierigkeiten, wo solche gar nicht in der Natur der Dinge liegen. Sie ignorirt das Gesetz der gang und gäben Wahrscheinlichkeits-Rechnung zwar nicht, aber sie häuft die Kettenbrüche in unnatürlicher Weise, und hilft sich dann bei der Auflösung dieser schwierigen Rechen-Exempel durch sogenannte Incidenz-Punkte, d. h. der Dichter giebt, wie von ungefähr, dem Zuschauer den Talisman in die Hand, welcher das trügerische Gespinnst der Intrigue durchleuchtet und den begünstigten Helden des Dramas durch irgend eine plötzlich sichtbare offene Masche entschlüpfen läßt. Die Intrigue ist also, wie ich wiederhole, eine Form der Lebensanschauung; als bloße Kunstform würde sie sich wegen ihrer Abgeschmacktheit nicht lange auf dem Theater haben halten können; aber sie ist von Scribe als das Abbild des französischen Geistes oder vielmehr der französischen Phantasie zuerst in großem Maßstabe benutzt worden, und hat seitdem auch auf der deutschen Bühne eine Art Bürgerrecht erworben, welches ihr einst von unserm thränenreichen, sauersüßem bürgerlichen Trauerspiel eine Zeitlang streitig gemacht wurde.

Selbst Scribe, dieser Meister des Effekts, ist nicht im Stande gewesen, der Intrigue die Abstrusität und Lächerlichkeit ihrer Wirkungen in den eigentlichen Katastrophen und Wendepunkten des Dramas zu nehmen; nur verschleiern konnte er diese Mängel und alle weniger fein empfindenden Zuschauer durch irgend eine geistreiche Redewendung, wie ein zur rechten Zeit angebrachtes bonmot, und wie die kleinen coups de théâtre alle heißen, bis zur Complicität dupiren. Scribe ist selten wahr und noch seltener wahrscheinlich, aber die Unwahrscheinlichkeit gelingt ihm durch die glückliche Uebereinstimmung, welche er allen Parteien des von ihm beherrschten kleinen Serails der Kabale und Intrigue mitzutheilen versteht. Hat man sich erst einmal an die Tonart gewöhnt, so ist man auch sehr bald mit der Tonfolge ausgesöhnt.

Auf der andern Seite aber dient die Intrigue wiederum zur Ergänzung eines der wesentlichsten Mängel des französischen Dramas und wird zu einem Surrogat der ganzen modernen Theater-Literatur: ich meine die materielle, richtiger substantielle Seite des

Lustspiels. Diese Seite ist um so wichtiger, als wir mit unserm heutigen Theater den berühmten Schritt vom Erhabenen zum Lächerlichen so ziemlich ausgeführt haben und uns von der geträumten moralischen Wirksamkeit der Schaubühne nicht viel übrig bleibt, als uns selbst und unsere Narrheiten großen und kleinen Styls lächerlich zu machen.

Die Franzosen verstehen dies von allen civilisirten Nationen der Neuzeit vielleicht am allerbesten, die Deutschen am allerschlechtesten — nnd dennoch haben die Franzosen, wie ich bereits hervorgehoben habe, kein eigentliches Lustspiel und werden nie ein solches haben, ebensowenig wie die Deutschen, bei denen dieser Mangel indessen weniger auffällt, weil sie in der natürlichen unbewußten Kritik vielleicht mehr leisten, als irgend ein anderes Volk der civilisirten Welt. Die Franzosen aber können kein Lustspiel haben, wie sie auch kein Trauerspiel haben können, weil bei ihnen der Sinn für die Intrigue und die mangelnde Freiheit des Gefühls das Ansammeln eines Fabel=Schatzes ganz unmöglich macht. Die Fabel, der substantielle Inhalt aller Dichtung, ist aber der eigentliche Kern des Lustspiels; ein Lustspiel ohne gute Fabel ist ein Unsinn ohne Sinn, ein unästhetischer Unsinn. Im Trauerspiel lassen sich die Lücken der Fabel durch die Größe und Fülle der Charaktere, im Schauspiel durch das Interesse an den Leidenschaften, die hier ein positives Recht haben, ersetzen. Aber im Lustspiel gelten weder die Charaktere nach ihrem vollen Gehalt, noch interessiren uns die Leidenschaften als solche, wir wollen diese vielmehr in ihrer Negation sehen, wir wollen uns über die Verkehrtheiten der Menschen ergötzen, nicht über ihre Verirrungen Thränen vergießen. Wenn also das Lustspiel kein bloßes, in der Luft schwebendes fata-morgana-Bild, kein bloßes Witz=Feuerwerk, kein bloßer verstäubender Wasserfall des Dilettantismus sein soll, so muß ihm eine psychologische Wahrheit, ein bedeutender Rechtsfall des praktischen Lebens, wobei Gemüth, Verstand und Leidenschaft in gleicher Weise ihre Rechnung finden, zum Grunde liegen. Das Lustspiel, dieses leichte Luftschloß der menschlichen Karnevals=Phantasie, muß auf einem sehr festen, realen Boden stehen, es darf nicht auf den Sand der bloßen Intrigue gebaut werden.

Die gute Fabel ist aber in ähnlicher Weise, wie die Mythe und Sage, nicht das Produkt dieses oder jenes Dichters, sondern sie ist das Erzeugniß der Phantasie eines ganzen Volkes, eines Geschlechtes, einer Zeit. Man kann gute Fabeln sich nicht nach Be=

lieben zurechtmachen, ebensowenig wie man Thatsachen durch den bloßen Gedanken hervorbringen kann. Der Vorrath an guten Fabeln ist daher ein sehr beschränkter, und kein Kulturvolk reicht mit den in seiner eigenen Mitte entstandenen Fabeln für seine ästhetischen Vergnügungen aus. Es besteht in dieser Beziehung vielmehr unter den literarisch-productiven Nationen der Neuzeit eine unbeschränkte Handelsfreiheit; der Dichter nimmt seinen Stoff, wo er ihn findet; die originale Formgebung, die selbstständige Bearbeitung sichert ihn vollständig gegen jeden Schatten des Verdachtes, ein literarischer Freibeuter zu sein. Dieses Gesetz der Dichtkunst, welches von dem größten dramatischen Genie Shakespeare, der seine poetischen Stoffe wie ein Raritätensammler aus allen Ecken und Winkeln der Kunstkammern aller Völker und Zeiten zusammensuchte, am höchsten geachtet wurde, wird von der neuen französischen Dramatik mit einer radikalen Unkenntniß seiner Wichtigkeit verachtet. Es scheint sogar an erklärten Gegnern der Fabel nicht zu fehlen, welche meinen, der Dichter sei kein richtiger Dichter, welcher sich nicht auch seinen Stoff selber machen, eine eigene gute Fabel erfinden könne, wie man etwa nur den für einen completen Opern-Componisten halten wollte, der nur zu selbstverfaßten Librettos seine Arien und Chöre componirte. Warum soll nun freilich ein guter Dichter nicht auch eine gute Fabel erfinden können? Wer weiß, ob nicht die ganze Götter- und Heldensage des Alterthums und der deutschen Vorzeit zum größten Theil bevorzugten Geistern der in ihrem Besitz befindlichen Nationen ihre Entstehung verdankt; wer weiß, ob nicht die Dichter und Helden eher da waren, als die Götter und Halbgötter, oder ob nicht vielmehr jene allmählich in der Phantasie der Völker den Rang dieser einnahmen? oder vielmehr wer zweifelt daran, daß dies wirklich der Fall ist? Aber man vermenge doch ja nicht die Dichtkunst der Vorzeiten mit der poetischen Vielgeschäftigkeit unseres Jahrhunderts.

Wenn es zu einer Zeit, wo das Leben der Völker sich noch wesentlich um das Leben und die Thaten einzelner Heroen concentrirte, wo es überhaupt mehr ein Leben in der Phantasie und für dieselbe war, wenn es zu einer solchen Zeit dem Dichter, als dem gebornen Repräsentanten eines ganzen Geschlechts, möglich war, das geistige Wollen dieses Geschlechts in dem Brennpunkt seiner Phantasie zusammenzufassen und wieder auszustrahlen, so folgt daraus sicherlich nicht, daß dieselbe Möglichkeit bei ganz veränderten Zeit- und Kultur-Verhältnissen gegeben sein muß. Wenn sich heutzutage der dramatische Schriftsteller Sardou auf seine bei Paris belegene

Villa zurückzieht, um einige Monate in ungestörter Ruhe über ein neues Theaterstück nachzudenken, so muß er sein ganzes gesellschaftliches Leben erst gewissermaßen außer Cours setzen, um nur die nöthige Sammlung seiner überspannten geistigen Kräfte zu gewinnen. Leben und Dichten, Thun und Denken sind heut fast unverträgliche Gegensätze geworden. Der Dichter muß aufhören zu leben, um zu dichten; was er also dichtet, das ist vorwiegend eine Arbeit seiner reflektirenden Phantasie; es ist gemacht, aber nicht geworden. Und gerade die gemachte Fabel ist die Fabel von schlechter Art, sie mag noch so wahr und richtig sein, es wird ihr an poetischem Gehalt, an natürlicher Lebendigkeit fehlen.

Auch ist den Franzosen Nichts häufiger begegnet, als daß sie die Intrigue mit der Fabel verwechselt haben. Namentlich in den Scribe'schen Stücken ist dieser gewaltige Unterschied fast durchweg verkannt. Scribe hat eine ganze Reihe von Comédies geschichtlichen Inhalts geschrieben, in denen er seiner Nation sub rosa der dramatisirten, richtiger: intriguisirten Geschichte die unerhörtesten, lügenhaftesten Schmeicheleien sagt. Die Scribe'schen Geschichtsdramen sind durchweg Tendenz-Poesien, in majorem Galliae gloriam geschrieben. Der eigentliche geschichtliche Stoff ist in ihnen regelmäßig zu einer bloßen Salons- und Palast-Intrigue verflüchtigt, und das Interesse ein um so formelleres, als auch den Scribe'schen Charakteren ersten und zweiten Ranges fast ohne Ausnahme ein stereotypes Gepräge anhaftet, und daher weder von einem künstlerischen, noch von einem historischen, noch auch von einem psychologischen Werth dieser nachgemachten Gobelins von Dramen die Rede sein kann. Das einzige, was ihnen den internationalen Ausstellungs-Werth, die kosmopolitische Anerkennung verleiht, ist die geschickte Mache, in welcher Scribe allerdings unübertrefflich ist. Die Maschen der Intrigue sind mit einer so vollendeten Meisterschaft aneinandergereiht, daß man über der Bewunderung einer solchen künstlichen Arbeit fast vergißt, nach dem Zweck zu fragen, warum der Autor mit dergleichen Häkelei die Zeit verliert und statt uns die „Wirkungen und Ursachen" großer Ereignisse in dem großen Rahmen eines historischen Gemäldes zu veranschaulichen, dieselben nur in einem „Glase Wasser" zeigt, wo sie wie mikroskopische Aufgußthierchen nach minutenlanger Existenz sich unter einander verschlingen.

Eine Scribe'sche, oder sagen wir lieber: eine national-französische Lieblings-Idee, gewissermaßen das Favorit-Dessin der Intriguen-Komödie, ist die Caprice hochstehender Damen der Gesellschaft, für irgend einen jungen tapfern aber armen abligen Offizier aus den Reihen der sie umgebenden Offiziere ein Faible zu haben und sich bald in der Rolle einer Beschützerin, bald in der einer sich unterordnenden Geliebten zu gefallen. Man findet dieses Muster außer im „Glase Wasser", dem Preis-Intriguenstück aus dem Scribe'schen Magazin, auch in den „Erzählungen der Königin von Navarra" und in umgekehrter Fassung in „Adrienne Lecouvreur" angewendet. Diese letztere dramatisirte Hof-Intrigue, welche die beiden Verfasser Scribe und Legouvé wahrscheinlich wegen des tragischen Ausgangs comédie-dramo nennen, kann uns zum Beweise dienen, auf wie leichten Füßen mitunter selbst die Meister ihre Intriguengebäude aufführen und an wie dünnen Fädchen sie den Verstand der Zuschauer gefangen halten. Der Conflikt des Stückes beruht auf der Rivalität zweier liebenden Herzen, von denen das eine der hochgebornen Prinzessin von Bouillon, das andere dem Kinde des Volkes, der Schauspielerin Lecouvreur, angehört. Beide lieben den heldenhaften comte de Saxe, welcher sich in Paris aufhält, um Truppen anzuwerben, die ihm das von den Landständen zudekretirte Herzogthum Kurland sollen erobern helfen. Der zukünftige Herzog liebt aber nur die Theater-Prinzessin, während er der wirklichen Prinzessin, deren Einfluß bei Hofe er für seine politischen Pläne ausbeutet, mit einer bloßen chevaleresken Neigung zugethan ist. Beide Rivalinnen befinden sich zu Anfang des Stückes in vollkommener Unkenntniß ihrer Rivalität; fast vier Akte Intrigue müssen abgesponnen werden, ehe man zu der Ueberzeugung gelangt, daß diese Unkenntniß gehoben ist und daß jede von den Damen weiß, woran sie ist. Die höchste Spannung erreicht die Komödie zu Ende des vierten Aktes, wo die wirkliche Geliebte eine eklatante Gelegenheit benutzt, ihre scheinbare Nebenbuhlerin durch den Vortrag einer Stelle aus Racine's Phèdre moralisch zu vernichten, oder sie vielmehr zu tödtlicher Rache aufzureizen. Alles dies geschieht unter den zuschauenden Augen des Helden, des ritterlichen comte de Saxe, der sich indessen in der Rolle, ein Zankapfel unter schönen Händen zu sein, ganz wohl zu gefallen scheint, oder, was dem Helden allenfalls gestattet sein kann, in einem bedauerlichen Grade der Einsicht in die psychologischen Geheimnisse einer weiblichen Liebesleidenschaft entbehrt. Denn trotzdem es nur eines Wortes von seiner Seite bedarf, um das arme zitternde Herz der in tragischem Eifer die Grenzen der Klugheit überschreitenden Geliebten zu beruhigen, spricht er dennoch dieses eine Wort nicht nur nicht, sondern er läßt das liebende Mädchen, mit dem ganzen Hasse ihrer mächtigen Nebenbuhlerin beladen, in den Qualen eines doch nicht ganz erstickten Zweifels davongehen. Ein einfaches: „restez" der Prinzessin genügt, um ihn von einem vorher mit Abrienne verabredeten Rendez-Vous zurückzuhalten. Ja! er zögert fast noch einen ganzen Akt hindurch; er zögert, ohne durch irgend welche taktische Rücksichten entschuldigt zu sein. Er zögert, weil es nothwendig ist, daß Abrienne inzwischen, unter der falschen Angabe, daß es von ihrem Geliebten komme, von der Prinzessin ein Kästchen mit vergifteten Blumen erhalten muß, die sie an die Lippen drückt, und so sich selber den wegen der gemuthmaßten Untreue ihres Geliebten ersehnten Tod giebt. In der That ein bloßer Intriguen-Tod, ein Tod aus dramatischer Connivenz. Und doch hätte er ohne Schwierigkeit tiefer motivirt werden können. Es lag so nahe, aus dem am Theaterdraht zurückgehaltenen Helden einen innerlich schwankenden Liebhaber, einen auch in erotischer Hinsicht abentheuernden Charakter zu machen, der er in politischer Hinsicht unzweifelhaft war. Aber eine solche Lösung hätte den schönen Intriguen-Effekt mit dem „restez" verdunkelt, und der Liebhaber mußte daher ein Held und doch ein großer Schwächling sein.

Aber „Abrienne Lecouvreur" hat doch wenigstens noch eine Spur von substantiellem Interesse; man kann den Inhalt des Stücks erzählungsweise wiedergeben, ohne zu fürchten, den Ariadne-Faden der Intrigue dabei zu verlieren. Die „Erzählungen der Königin von Navarra" lassen sich schlechterdings nicht wiedererzählen, und das ist ein sehr schlechtes Zeichen für den Inhalt eines Dramas. Ein Schauspiel, das sich so sehr um Nichts dreht, das so sehr blos auf dramatischen oder besser: theatralischen Effekt berechnet ist, daß sich daraus auch nicht die kleinste Erzählung deduciren läßt, kann nicht im eigentlichen Sinne ein Kunstwerk genannt werden, es gehört unwiderruflich zur Klasse der Machwerke und ist verderblich für den guten Geschmack. Man kann sagen, es handle sich in dem erwähnten Scribe'schen Intriguenstück um die Befreiung des nach der Schlacht von Pavia zu Madrid gefangen gehaltenen Königs Franz I., und dies sei doch gewiß ein historischer Stoff. Zugegeben; aber ist jeder historische Stoff auch ein guter dramatischer? Man nimmt unzweifelhaft Antheil an dem gefangenen französischen König; aber seine Gefangennahme ist in offener Schlacht durch das Kriegsglück erfolgt, man darf daher mit Recht verlangen, daß zu seiner Befreiung andre Hebel in Bewegung gesetzt werden, als die Listen, Coquetterien und Ränke einer Frau, welche mit den sogenannten Geheimnissen des Madrid'er Hofes einen förmlichen Handel treibt. Die Scribe'sche Befreiungs-Theorie beruht auf einem Intriguen-Prozeß, welchen der König Karl V. im Beistande seines Ministers Guathinara gegen die Schwester Franz I., die schöne, tugendhafte, coquette und intriguante Margarethe, spätere Königin von Navarra, führt, die den ganzen spanischen Hof, außer ihren beiden Gegnern, auf ihrer Seite hat und den Prozeß dadurch gewinnt, daß sie auch den Minister Guathinara sich dienstbar macht, indem sie durch die spendende Hand des Dichters in den Besitz eines ihn compromittirenden Geheimnisses geräth. Auf diese Weise entzieht der Autor unklugerweise seinem gefangenen König die Sympathie der Zuschauer und hängt das Interesse seines Stückes an den Seidenfaden einer Weiber-Kabale. Man kann sich schließlich des Wunsches nicht erwehren, daß der König Franz I. in seinem Cachot lieber hätte verhungern sollen, als wie ein Spitzbube einer wohl verdienten Strafe durch ein Fuchsloch seines Gefängnisses zu entschlüpfen. Freilich läßt Scribe seinen Gefangenen bei einer Unterredung mit Karl V. versichern, daß er nicht auf Ehrenwort gefangen sei. Aber was hilft das? Kann er uns zwingen, einer derartigen Versicherung Glauben zu schenken, wenn er gleichzeitig einen solchen politischen Kopf wie Karl V. sich wie einen verliebten Thoren gebärden und einer so gefährlichen Dame, wie Margarethe, die Erlaubniß geben läßt, ihren Bruder zu jeder Zeit ohne Zeugen in seinem Gefängniß zu sprechen? Man sieht, wie dünn das Intriguen-Fädchen ist und wie sehr ein historischer Stoff darunter leiden kann, wenn er mit so schwachen Nähten zusammengehalten wird.

Um schließlich noch eins der bessern Nicht-Scribe'schen Intriguenstücke zu erwähnen, so finden wir in „Mademoiselle de la Seiglière", von Sandeau außer einer tüchtigen positiven Grundlage, einen effektiven Kontrast der beiden männlichen Hauptrollen des Marquis de la Seiglière und des Sohnes seines verstorbenen Pächters, Bernard, welcher mit großem Geschick bei der Entwickelung der Intrigue benutzt ist. Der erstere, ein altadliger Emigrirter, ist mit der bourbonischen Restauration nach Frankreich zurückgekehrt und hat wie diese, in der Verbannung „Nichts gelernt und Nichts vergessen." Sein früherer Pächter hat ihm die Allodialgüter der de la Seiglière's, welche derselbe inzwischen für sein eignes, schweres Geld käuflich an sich gebracht hatte, zum Geschenk gemacht und zwar in der Annahme, daß sein Sohn und Erbe Bernard mit der großen Armee, welcher er gefolgt war, in den Eisfeldern Rußlands umgekommen sei.

Der Marquis hatte die Schenkung wie eine sich von selbst verstehende Thatsache acceptirt, seinen alten treuen Diener zum Danke noch schlecht behandelt, und dieser war, den Namen seines Sohnes auf den Lippen, gestorben, nur beweint von Helene, der liebreichen Tochter des unliebenswürdigen adelstolzen alten Herrn. Nunmehr aber erscheint, zunächst nur im Hintergrunde, der zehn Jahre lang vermißte Bernard, voll von den ruhmreichen Erinnerungen des ersten Kaiserreichs, dessen Schlachten er mitgeschlagen; entschlossen, seine schmählich gekränkten Erbrechte im Wege Rechtens wiederzuerobern. Der Marquis, ein eingefleischter Anhänger des ancien régime, der, wenn er in guter Stimmung ist, seinem Bedienten Fußtritte giebt, will diesen hergelaufenen Pächterssohn mit Stockschlägen nach Sibirien zurückjagen. „Er sollte sich schämen!" ruft er aus, „noch zu leben, da er längst todt gesagt ist." Aber dieser grauköpfige Feudalist besitzt eine sehr kluge Freundin, die Baronin Vaubert, welche, obgleich ihrer Zeit gleichfalls der Emigration angehörend, doch Sinn und Blick für die neuen Verhältnisse hat, um einzusehen, daß die Parforce-Kur des Marquis hier nicht an der richtigen Stelle sei und man besser daran thue, Palliativ-Mittel anzuwenden. Denn auf Grund eines gewissen Buches, genannt Code Napoléon, läßt sich die Schenkung des Rittergutes anfechten, um so mehr, da der geschickte Advokat Destournelles, ein Feind des Hauses und ein energischer Mann, sich des wiederauferstandenen Erben angenommen hat. Der Marquis, der seine Tochter zärtlich liebt, versteht sich also zu Palliativ-Mitteln. Man will den jungen Sibirier, wie einst die Bienen mit einer in ihren Stock eingedrungenen Schnecke gethan, von allen Seiten mit „Honig und Wachs" umgeben, ihn ganz und gar in Watte einwickeln, um ihn dann, wenn er weich geworden ist, nach Gefallen kneten und umstimmen zu können.

Diesen ihm von der Baronin hingeworfenen Handschuh nimmt der Advokat Destournelles auf, und mit dem Stichwort: „la guerre est déclarée" beginnt das Intriguen-Spiel.

Sehr schön ist nur die Wendung, womit der Verfasser den trivialen Weg der bloßen theatralischen Klopffechterei zu vermeiden sucht. Bernard bleibt, nach dem Eintritt in das Haus des Marquis, seinem Charakter durchaus getreu. Er vergiebt weder seinen Rechten etwas, noch läßt er sich in seinen politischen Ansichten durch die spöttischen Bemerkungen und den verletzenden Witz des Marquis irre machen. Aber eine andere Gestalt, die Gestalt des Fräuleins de la Seiglière, tritt zwischen ihn und das Andenken seines Vaters; denn sie ist es, die am Sterbebette des alten Pächters gestanden; sie ist es, die Bernard liebt und auf deren Gegenliebe er verzichten muß, weil sie bereits mit ihrem Cousin Raoul, dem Sohne der Baronin, verlobt ist. Darf er der Geliebten das Erbgut ihrer Väter entreißen, darf er sie an der Seite ihres künftigen Gatten, der selber kein Vermögen besitzt, einem Leben voll Entbehrungen aussetzen, sie, deren Jugend und Schönheit so wenig an Entbehrungen gewöhnt sind? Zwar der Widerstand des Marquis, von dem man annimmt, daß er eine Heirath zwischen Bernard und seiner Tochter wie ein Sakrilegium betrachten würde, wird durch einen Schachzug Déstournelles besiegt, den dieser ohne Einwilligung seines Klienten thut, indem er in dessen Abwesenheit dem Marquis einen gerichtlichen Befehl auf Herausgabe der Schenkungsgüter insinuiren läßt, und durch diese Drohung dem schwachen Manne den Heiraths-Consens abnöthigt.

Der Knoten löst sich schließlich, nicht ohne Anwendung einiger Gewaltmaßregeln, dadurch auf, daß der hochherzige Raoul, als er erkennt, daß seine Cousine den Sohn des Pächters liebt, dieselbe ihres Versprechens entbindet, während Bernard in der Meinung seiner Geliebten dadurch restituirt wird, daß man erfährt, wie er, hinter dem Rücken Déstournelles, einem andern Advokaten seinen Verzicht auf den Widerruf der Schenkung zu Protokoll erklärt hat.

Durch diese psychologische Entwicklung der Charaktere tritt das Stück aus dem engen Rahmen der Intriguen-Komödien heraus, und reiht sich in würdiger Weise den bessern deutschen Schauspielen an, neben denen es seit seiner Entstehung ein regelmäßiges Repertoirstück auf unsern Bühnen gewesen ist.

Zu gleicher Zeit bietet es uns Gelegenheit, den Uebergang zu der neuen Komödie einzuleiten, welche durch die stärkere Betonung des in dem Sandeau'schen Stück noch verhüllten Elementes der Evolutionen contrastischer Charaktere mit den Traditionen der Intriguen-Periode gründlich gebrochen und dadurch die Luft in den Theatern wenigstens von dem allzukünstlichen Parfüm der Salons- und Kabinets-Geheimniß-Krämer gereinigt hat.

II.

Der Grund, warum wir die neueste Periode der dramatischen Literatur Frankreichs vom Beginn des zweiten Kaiserreichs datiren, ist weniger der, daß die Blüthezeit ihrer drei Hauptvertreter Dumas fils, Emile Augier und Vict. Sardou in der That erst durch die Sonne des modernen Cäsarenthums gezeitigt und zu einer fast tropischen Ueppigkeit entwickelt ist, sondern dieser Grund ist, wie bereits angedeutet worden, in der eigenthümlichen Connexität und Wahlverwandtschaft zu suchen, welche auf Frankreichs Boden zwischen dem Geiste der Nation und der jedesmaligen dramatischen Literatur besteht. Die letztere ist seit Anbegiun einer französischen Kulturgeschichte der exalteste, homogenste, und unzweideutigste Ausdruck dessen gewesen, was der Franzose toute la France nennt. Ganz Frankreich ist eine einzige große Schaubühne; Alles in Frankreich hat dramatische Allüren, und wenn man den Barometerstand der öffentlichen Moral, den geistigen Gesundheitszustand des Volkes in Frankreich kennen lernen will, so darf man nur die Hand an den Puls der Pariser Theater legen und man wird wenigstens mit annähernder Genauigkeit erfahren, ob das Volk am Tertianfieber der Eifersucht kränkelt oder sich mit dem aktuellen Zustand der Dinge im Einverständniß befindet.

Niemand wird nun leugnen und der Umschwung in den theatralischen Verhältnissen beweist es, daß der französische Geist mit dem Beginn des zweiten Kaiserreichs in eine neue Phase seiner Entwicklungsgeschichte getreten ist. Ob diese neue Phase den letzten Mondwechsel eines alternden Geschlechts oder die Wendung zu einer neuen frischen Erhebung der lange genug gelähmt gewesenen Adlersschwingen der Volkskraft bedeutet, wer vermag in diesem Augenblick sich darüber Rechenschaft zu geben. Die Franzosen selber, die gebornen Optimisten in der Politik, scheinen wenigstens in literarischer Hinsicht die zum Pessimismus neigende deutsche Auffassung des gegenwärtigen Zustandes zu theilen. Diese Auffassung spricht sich am deutlichsten schon in dem Namen aus, mit welchem sie vermöge einer wunderbaren Selbstironie sich das Horoskop ihrer Zukunft stellen: la décadence.

Im Allgemeinen deutet dieser Ausdruck allerdings Nichts weiter an, als ein Zeitalter, welches sich im Zustande der Erschlaffung, des Unvermögens, des sittlichen Verfalls befindet, und in diesem Sinne dürfte er, wennschon er die Wahrheit enthalten mag, doch auf keine gefährliche Krisis des Nationalbewußtseins schließen lassen. Wie oft hat sich nicht schon der Geist einer Nation aus dem Zustande der äußersten Versunkenheit durch eine kräftige Reaktion aus seiner Mitte heraus wieder auf das Piedestal der Freiheit erhoben. Ich erinnere des Beispiels wegen nur an die in dieser Hinsicht viel hoffnungsloseren Zeiten der Regentschaft. Auch ist gerade in Beziehung auf das Theater die Bemerkung nicht zu unterdrücken, daß sich dasselbe nach der Meinung der Wächter des öffentlichen Geschmacks, eigentlich seit seinem Bestehen in décadence befindet. Wenn unsere Vorfahren sich dieser Thatsache nicht so bewußt waren, wie wir es sind, wenn sie im schönen Rausch des Optimismus das: „après nous le déluge" an die

Ausgangspforte ihrer Zeit schrieben, während sie gerade die Verpflichtung gehabt hätten, mit kluger Vorsicht Mauern und Gräben um die Oase der Sittlichkeit zu ziehen, und sie gegen die hereinstürzenden Bergwasser der entfesselten Titanenkräfte zu schützen, so können wir sicherlich für die Uebernahme einer verschuldeten Erbschaft nicht verantwortlich gemacht werden; wir stehen im Gegentheil vor dem Tribunal der Geschichte als die ehrlicheren Verbrecher da, die ihre Schuld nicht bemänteln und die Dinge bei den Namen nennen, die ihnen zukommen.

Indessen, speciell für Frankreich, hat diese Bankerott-Wirthschaft der décadence denn doch noch eine tiefergehende Bedeutung. Das französische Volk hat in wenigen Decennien durch die maßlosen Orgien, in die es theils sein eigener Charakter, theils der übermäßige Egoismus der Napoleoniden, dieses Geiergeschlechtes unter den Herrschern Europas, stürzte, seine besten Kräfte verschwendet, den größten Theil seines National-Reichthums in nutzlosen Schlachten und Kriegsfeuerwerk verpufft, und krankt gegenwärtig an einer Apathie, an einem Indifferentismus, welcher durch eine fast greisenhafte Intelligenz nur mühsam über Wasser gehalten wird. Die Gesellschaft der régence und des Roccoco war im höchsten Grade verwahrlost, sie war innerlich zerfallen, hohl und bröcklich, wie altes Gemäuer. Aber die Fäulniß hatte den eigentlichen Staats- oder vielmehr Volkskörper noch nicht erreicht; der Thron der Bourbonen war wurmstichig geworden, aber das Volk selber stand noch auf ganzen Füßen. Die festen Mauern, welche die verschiedenen Stände gegen einander absonderten, schützten den dritten Stand, welcher heutzutage die beiden ersten verschlungen hat, vor der Ansteckung derselben. Die Epidemie blieb innerhalb der Salons der guten Gesellschaft; das Volk war recht- und ehrlos, aber es war gesund und hatte tüchtige Fäuste. Die Gesellschaft, oder, um sogleich die Anwendung für unsere Zwecke zu machen, das Publikum der décadence ist nun aber in seiner Wurzel von dem allgemeinen Uebel ergriffen. Die in Frankreich mit seltener Consequenz durchgeführte Ausgleichung der Standesunterschiede hat nicht vermocht, die Gesundheit des Volkes den gebildeten Ständen zu inokuliren, sondern das Volk ist von der Fäulniß der sogenannten guten Gesellschaft mit ergriffen worden und der sittliche Kosmos ist, ehe sein Ausbau vollendet werden konnte, von den ehernen Fußtritten der Geschichte zermalmt und in dem Chaos einer allgemeinen Sittenlosigkeit zertreten worden.

Für die dramatische Literatur hat dieser Verfall noch eine ganz besondere Wichtigkeit. Der Schwerpunkt der französischen Dramatik lag zu ihrer Blüthezeit in der strengen Sonderung der verschiedenen Kunstgattungen. Zwar wollte der revolutionärste Geist des vorigen Jahrhunderts, Voltaire, das Zutreffende einer solchen Eintheilung durch den bekannten Satz: „tous les genres sont bons hors le genre ennuyeux" als illusorisch hinstellen, und sich gewissermaßen am eigenen Zopf über die herrschende Windrichtung der aesthetischen Gesetzgebung in Frankreich erheben. Voltaire's eigene dramatisch-literarische Thätigkeit jedoch straft diesen Satz Lügen; kein genre ist von ihm eifriger kultivirt worden, als das der tragédie classique, und daß dieses genre mit dem genre ennuyeux auf demselben Boden der steifleinenen, barocken Unnatur falschverstandener aristotelischer Schulmaximen entstanden ist, darüber kann wohl nach den schlagenden Beweisführungen eines Lessing unter den deutschen Kritikern wenigstens keine Meinungs-Differenz bestehen. Noch heutzutage, wo längst anerkanntermaßen die strengen Grundsätze der altfranzösischen Schule aufgegeben und aus Tragödie, Drama und Komödie eine einzige Mischmasch-Sauce tragikomischer Problemdichtung zusammengerührt ist, noch in unsern Tagen des freien aesthetischen Urtheils erörtert man in den maßgebenden Pariser Kreisen allen Ernstes die Frage, ob die Poesie oder die Handlung, die schöne Schreibart oder das scenisch-theatralische Element in einem Schauspiel den ersten Rang einnehmen, ob der Verfasser dramatischer Werke mehr Schriftsteller oder mehr Dichter sein müsse. Eine solche scholastische Sprödigkeit und Engherzigkeit, die an Schul-Eintheilungen klebt und eines Katechismus bedarf, um ihr aesthetisches Gewissen zu beruhigen, bekundet sich auch in der französischen Schauspielkunst, welche mehr als die Dichtkunst an den Ueberlieferungen der Schule hängt und mit ihren grandes und secondes premières rôles, ihren grandes utilités, ihren ingénues, domestiques einem deutschen Theaterbesucher den ganzen Geschmack an dieser freiesten und menschlichsten aller Künste vollständig verleiden könnte.

Das Auf- und Abtreten der Schauspieler, das Schütteln des Kopfes, die stereotypen Interjektionen mit ebenso stereotypen Gesten begleitet, die Gelecktheit und Tournüre, mit der sie jeden, auch den gemeinsten Charakter sich bewegen lassen, die geringen Modulationen in Ton und Aussprache, das überall vorherrschende Conversations-Pathos sind einzelne Ueberreste jener altfranzösischen steifhinstehenden statuarischen Mimik und Gestikulation, welche mit der sich frei fortbewegenden Dichtung der Theatermuse nicht mehr recht übereinstimmen wollen. Daher denn die Klagen der französischen Kritik über die Zuchtlosigkeit der modernen Dramatik zum Theil an der dem Zunftzwange holderen Thalia eine Fürsprecherin finden, während man sich der einfachen Erwägung, daß ein Sardou und Barrière anders gespielt sein wollen, als ein Molière und Marivaux, aus nationaler Eitelkeit gern verschließen möchte.

Es wird weiter unten der Grund, warum ein gänzlicher Abfall von jeder Schulbildung in der dramatischen Kunst verderblich wirken muß, aufgezeigt werden; vorläufig bedarf das faktische Vorhandensein dieser Degeneration noch einer specielleren Erörterung.

Die französische Literatur unterschied bis zu ihrer neuesten Epoche wesentlich vier Formen der dramatischen Darstellung: la tragédie, le drame, la comédie und le vaudeville. Vier Formen, sagte ich; richtiger würde es gesagt sein: vier Namen, vier verschiedene Rubriken, in welche man die Producte der dramatischen Schriftstellerei einschachtelte, mochten sie nun hineinpassen oder nicht. Man war zufrieden, wenn sie wenigstens Farbe bekannten, d. h. aus der Ferne ungefähr denselben Anstrich verriethen, welchen man von Altersher an dergleichen Theatermöbel gewöhnt war. Und jetzt, da eine neue Schule, gestützt auf die publicistischen Erfahrungen der Neuzeit, die veralteten Formen zerbricht und sich auf einem neuentdeckten Lande der Wahrheit und Schönheit anbaut, jetzt schleudert der ganze akademische Olymp seinen Bannstrahl gegen diese modernen Titanen, nennt sie Glücksritter der Kunst, Dilettanten u. s. w. und verurtheilt die ganze Dramatik von Dumas bis Sardou zum Lebendig-Begrabenwerden. Ist denn aber der dramatischen Kunst ein Vorwurf daraus zu machen, daß sie, ihrem innersten Wesen gemäß, nur den Geist des Zeitalters wiederspiegelt, dem sie angehört? Ist nicht im Gegentheil die proteushafte Natur der künstlerischen Phantasie zu bewundern, welche, da die realen Verhältnisse der Gesellschaft nicht mehr zu den idealen Neigungen der alten platonisch-liebenden Muse passen wollen, sich sofort eine junge frische auf solidere Genüsse dressirte Gelegenheitsgöttin schafft, und, statt den Weirauch in die leere Luft zu hauchen, ihn in die höchsteigenen Nasen der Herren Menschen de la décadence ziehen läßt?

Ist ein solcher Durchbruch des aesthetischen Dammes, welchen die akademische Geschmacksrichtung um ihr privilegirtes Heiligthum der einzig wahren Kunst gezogen hatte, nicht seit langen Jahren angebahnt gewesen, und ist es daher nicht eine nothwendige Folge des fortschreitenden Geschmackes, daß das, was dem nur nach oben ausholenden Arme der Romantik nicht gelingen konnte, endlich doch dem mit allen Kräften des Realismus ausgestatteten Spatentisch in den freilich auch mit mancherlei Unkraut bewachsenen Boden der Wirklichkeit gelangen mußte!

Was eine tragédie ist oder war — denn seit Voltaire schreiben die Franzosen kein Tragödien mehr — läßt sich noch am ehesten durch die einfache historische Aufzählung der wenigen klassischen Tragödien eines Corneille, Racine und des ihnen nachhinkenden Voltaire definiren. Tragödie ist das, was die alten Meister so genannt haben. Mit unsern Begriffen eines Trauerspiels hat diese Definition weiter nichts als den Namen und allenfalls den Styl gemein, d. h. die pathetische Sprechweise, welche nach dem Muster der alten auf hohem Kothurn einherschreitenden Tragiker von allen deutschen Dichtern Schiller am meisten erreicht hat. Neben diesem Styl, auf welchen die Franzosen einen großen Werth legen, spielen in der klassischen Tragödie die mots énigmatiques, die sententiösen Aussprüche der Helden und die Donnerklänge der tragischen Muse eine große Rolle. Diese Donnerklänge sind indessen viel mehr musikalischer als poetischer Natur; daher denn auch die Anforderung an die Darsteller der französischen Komödie gestellt wird, daß sie statt zu sprechen, deklamiren, um's Himmelswillen nicht „leicht von der Zunge weg" reden dürfen, wie Hamlet vorschreibt. Durch diese Vorschrift war ein ganz eigenthümlicher Singsang, eine Art rythmisch-dithyrambische Vortragsweise der französischen Tragik entstanden, welche zuerst durch den berühmten Schauspieler Aufresne in eine natürlichere Diktion umgewandelt wurde. Aber die geschwätzige Lebendigkeit und der Mangel an Selbstbeherrschung macht selbst dem sonst so taktfesten Corneille öfters gerade an den eigentlichen effektvollen Punkten einen Strich durch die Rechnung. Ich erinnere hier nur an die bekannte, von den Franzosen so sehr bewunderte Stelle aus Corneille's: „Horace." Dem Vater der drei Horatier wird die Nachricht gebracht, daß zwei von seinen Söhnen im Kampfe mit den Curiatiern gefallen seien, mit dem falschen Zusatze, daß der dritte die Flucht ergriffen habe. Der Greis ist entrüstet, und als man ihn fragt: „Que voulez-vous qu'il fit contre trois," erfolgt die donnernde Antwort: „Qu'il mourût!" Die Wirkung dieses Donners wird aber durch ein darauf folgendes Kleingewehrfeuer von Versen, worin der geschwätzige Alte seine Meinung des Näheren auseinandersetzt, vollkommen paralysirt. Und doch machen die Franzosen von dieser Stelle ein Aufhebens, als ob sie auf einer unmittelbaren Inspiration Melpomenens beruhte.

Die Vergessenheit, in welche die alte Tragödie heutzutage versunken ist, könnte Angesichts solcher Symptome selbst als ein gutes

Zeichen begrüßt werden, wenn nur mit der Tragödie nicht auch der Sinn für das Tragische verloren ginge. Alexander Dumas fils ist der einzige unter den Neueren, in dessen dramatischen Arbeiten wir wenigstens tragische Anklänge und Gelegenheit zu einer gesunden, durch Mitleid und Schrecken hervorgebrachten Rührung finden.

Ebenso leicht wie die Tragödie läßt sich das Vaudeville charakterisiren. Man kann, um sich kurz zu fassen, sagen: das Vaudeville ist das Genre unter den Genres; das Miniatur-Porträt der Theater-Muse; das Dessert beim Gastmahl der Bühnen-Poesie, wobei ein lustiger Trinkspruch in gebundener Rede, nach bekannter Melodie vorzubringen die Heiterkeit der Gäste erhöht. Die ganze Feinheit des französischen Geschmacks, die ganze sprudelnde Champagnerlaune dieses lebenslustigsten Völkchens offenbarte sich einst in den Vaudevilles, als diese noch in Blüthe standen. Aber die ewigen Revolutionen haben das französische Volk seiner alten gallischen Heiterkeit entwöhnt; sie lachen freilich noch, die übermüthigen Pariser, die sich einbilden, daß, wenn der liebe Gott Langeweile im Himmel hat, er mit seinem nächsten Anverwandten, der Allerchristlichsten Majestät von Frankreich, einen Spaziergang auf den Pariser Boulevards mache. Aber worüber lachen sie? Die harmlosen Scherze und pikanten Bonmots der Vaudevilles lassen sie kalt, oder entlocken ihnen höchstens jenes traurige oder mitleidige Lächeln der Erinnerung kindlicher Freuden.

Das Gelächter des heutigen Pariser Publikums hat einen ernsthaften Beigeschmack; es ist sauersüß wie eine Citrone. Es ist nur zur Hälfte ein ungezwungenes Lachen, zur andern Hälfte aber durch jene künstlichen Reizmittel hervorgebracht, womit die modernen Theaterdichter, wie mit Ruthenstreichen, den Wollustkitzel der verwöhnten Feinschmecker zu erregen suchen. Die Fabel des Vaudeville dreht sich in der Regel um ein Nichts; sie ist nur ein Ring aus einer Intriguenkette, der, recht blank geputzt, und mit muntern Coupletsprüchen versehen, sich von allen Seiten beschauen lassen kann; denn der Grund des Vaudeville ist durchaus moralischer Natur. Dieses Genre duldet keinen Cynismus, keine frivolen Anspielungen; aber ebensowenig verträgt es sich mit didaktischen Tendenzen, mit moralischen Rippenstößen, mit denen in unsern Tagen selbst die elendeste Posse oder Bluette sich unter das Publikum zu drängen sucht. Das Vaudeville ist oder war vielmehr eine echte und reine Kunstgattung. Was uns heutzutage in der französischen Literatur davon geblieben, hat den Schmetterlingsstaub der alten Herrlichkeit von den Flügeln gestreift und ist zum Theil mit dem grobkörnigen Puder aus der Büchse der politischen

Muse bestreut. Die bessern von diesen ein- oder zweiaktigen Komödien, wie sie genannt werden, behandeln meistentheils scherzhafte Episoden aus dem Alltagsleben: z. B. die Verlegenheit eines Liebhabers, welcher mit seiner lange vergeblich gesuchten Angebeteten unerwarteterweise auf einem Balle zusammentrifft, und da er sein ganzes Geld im „Landsknecht" verloren, bei aller Welt vergebliche Pump-Versuche macht, um der hungrigen Donna das unvermeidliche Souper poniren zu können.*) Die vergeblichen Anstrengungen, welche eine junge Frau macht, um von ihrem der Unliebenswürdigkeit beschuldigten Ehemanne durchaus eine Ohrfeige und somit einen Grund zur Ehescheidung zu erhalten.**) Die fabelhaften Manövres, mit denen ein „Damenherr," der sich durch eine mésaventure bei einer Dame eingeführt hat, sich in der Gunst derselben zu rehabilitiren gedenkt und die soweit gehen, daß er, ein geborener Edelmann, sogar auf kurze Zeit den Bedientenfrack anzieht, um dem Ehemanne nicht verdächtig zu werden.***) Die unglücklichen erotischen Reminiscenzen eines dem sanften Ehejoch ungehorsamen Colonels auf halbem Solde, welcher, um eine Nacht außer dem Hause, auf dem Opernballe zuzubringen, seinen Burschen an seiner Statt in dem ehelichen Bette einquartirt, aber mit dem strengen Befehle, zu schnarchen und sich nicht zu rühren, und die daraus entstandenen unendlich komischen Ehestandsscenen, da die Frau den Betrug entdeckt, der Colonel auf dem Opernball schlimme Erfahrungen gemacht hat, und der Bursche in seiner Dummheit und Verlegenheit auf die Frage, was denn nun in der Nacht vorgefallen sei, sich in ein penelopeisches Gespinnst von Widersprüchen verhäkelt.†) Die meisten dieser zum Theil mit Couplets gewürzten Genre-Komödien, Bluetten, Possen, Solo- und Dialog-Scherze haben zwei, manche sogar drei Vaterschafts-Recognoscenten, indem die Prosa, die Verse und die Musik natürlicherweise eine Arbeitstheilung bedingen, wobei die Harmonie des Ganzen durch die wunderbare Begabung der Franzosen für das Zusammenarbeiten und das Ensemble-Spiel, ohne spezifisches Hervortreten der Subjektivität eines Mitarbeiters so wenig beeinträchtigt wird, daß es selbst gewiegten Kennern unmöglich ist, nachzuweisen, wieviel Prozente des Beifalls dem einen oder dem andern der Maskopei-Brüderschaft gebühren.

---

*) Riche d'amour on Prête-moi cent sous, par Xavier, Duvert et Lauzanne.
**) Le code des femmes, par Dumanoir.
***) Le chevalier des dames, par Siraudin.
†) La consigne est de ronfler par Lambert Thiboust et Grangé.

Eine besonders stereotype Rolle spielen in diesen Kabinetsstücken die Bedienten und Kellner. Die ersteren besitzen eine charakteristische Abneigung gegen die Heiraths-Projekte ihrer Herren; denn wenn die Duelle, die Maitressen, die Diner's und die mit dem Leben eines petit crevé von Junggesellen verbundenen Intriguen und Abenteuer aufhören, dann ist der geniale Bediente natürlich eine überflüssige Person; seine hohen Spielhonorare fallen fort und zum bloßen Schleppträger der gnädigen Frau ist der auf dem Pariser Pflaster großgewordene connaisceur et amateur du chic nicht geschaffen. Er nimmt daher seinen Abschied, sobald der Heiraths-Kontrakt unterschrieben ist, und bedauert seinen Nachfolger, dem er jedoch mit collegialischer Protektion die Schlüssel zu sämmtlichen Geheimnissen seines Herrn ausliefert. Diese Bedientenfiguren sind die unverkennbaren Notherben der klassischen Bedienten und Vertrauten in den Komödien des achtzehnten Jahrhunderts. Aber der ganze gewaltige Unterschied zwischen dem heutigen und dem Geiste der Zeit eines Molière, Marivaux, Destouches zeigt sich in dem Mangel eines jeden sympathischen Zuges in der modernen Bedientenseele, welche einzig und allein dem Egoismus und dem im Bilde ihres Herrn verehrten goldenen Kalbe gehorcht, während der klassische Bediente mit einer rührenden Treue an seinem Herrn hängt und dessen Geheimnisse nicht verräth, wenn er zu denselben auch mehr als einen goldenen Schlüssel erhalten sollte. Dagegen hat allerdings der Bediente der décadence mehr Witz und mehr Zunft-Gewissen als sein Kollege aus dem ancien régime. Er macht sich über die Eigenheiten, Thorheiten, Etourderieen und Schwachheiten seines Herrn lustig; er schwanzwedelt nicht gegen jeden abligen Windbeutel, der sich ihm mit vornehmer Herablassung nähert, sondern er tritt einem unverschämten duc nicht ohne Erfolg auf die Fußspitzen und vergilt die Beleidigungen eines naseweisen Marquis mit überlegener Satire. Das Zunftgewissen aber veranlaßt z. B. den Koch, den Dienst des Mr. Poirier zu quittiren, weil ihm von diesem sparsamen Schwiegervater eines verschwenderischen Schwiegersohnes ein allen Regeln der höhern Kochkunst hohnsprechendes Diner in die Feder diktirt wird. „Der Geist Vatel's," ruft er aus, „würde mir beim Herrichten der Speisen den Hals umdrehen." Mit demselben Pflichteifer vertheidigt der Kellner der cabinets particuliers gegenüber dem eifersüchtigen Ehemann ein bei geschlossenen Thüren eingeleitetes Verfahren zwischen einem Herrn und einer Dame, welche letztere aber unglücklicherweise durch ihre Stimme die Identität mit der Ehefrau des Störenfriedes verräth. —

Nachdem wir auf diese Weise die beiden äußersten Grenzpunkte der dramatischen Kunst gesteckt haben, auf dem höchsten Gipfel: das klassische Trauerspiel, und auf der niedrigsten sich bis in den Sumpf der Gemeinheit erstreckenden Trittstufe: die Posse und ihren ganzen liederlichen Anhang, fragen wir uns, wie, durch welche Mittel, aus welchen Vorräthen, von was für Leuten wird dieser große Raum zwischen hoch und niedrig, erhaben und lächerlich ausgefüllt? Wenn wir unsere deutschen Literaturbegriffe auf französische Zustände anwenden könnten, so wäre die Antwort einfach: durch das Schauspiel und das diesem verwandte, von ihm nur durch den komischen Charakter geschiedene Lustspiel. So ist es indessen bei den Franzosen nicht. Die sogenannte comédie der Franzosen hat keineswegs einen vorwiegend komischen Charakter, ganz abgesehen davon, daß sie, wie bereits näher ausgeführt, in Betreff der Fabel in der Regel weiter hinter den Erfordernissen eines guten Lustspiels zurücksteht. Die dramatische demi-monde=Literatur z. B., in welcher Dumas fils es zur größten Meisterschaft gebracht hat, und womit er den ersten Stoß zur Umkehrung des Ideals der bon-sens-Schule, d. h. des bürgerlichen Schauspiels in das der Fahnenschwenker des Realismus gegeben hat, die sämmtlichen an der Spitze des jüngsten Frankreichs aufmarschirten Dumas'schen Stücke, welche in ihrer Reihenfolge fast alle brennenden Fragen der modernen Gesellschaft umfassen; die hohe und niedere Prostitution, welche die bürgerliche Gesellschaft mit ihren verführerischen Fangarmen umstrickt; die Geldfrage, in der alle andern enthalten sind; die Plädoyers für die unehelichen Kinder und gegen die Väter, die sich für ihre Söhne ruiniren, dieser ganze Apparat der reichhaltigsten dramatischen Stoffe bietet dem geschickten und geistreichen Schriftsteller kaum hier und da Gelegenheit zu einer komischen Scene oder zur Vorführung einer komischen Person. Und doch werden sämmtliche Dumas'schen Stücke: „le demi-monde" nicht weniger wie „le fils naturel," „la dame aux camélias," ebenso wie „diane de Lys" zu den comédies gerechnet. Es ist wahr, daß einzelne Scenen dieser Stücke, wie z. B. diejenige des dritten Aktes im „fils naturel," wo zwischen dem Marquis d'Orge und Mr. Sternay in Gegenwart des Notars Aristide ein förmlicher Prozeß über die Rechtsfrage stattfindet, wer von den beiden Jacques, den „natürlichen Sohn" adoptiren soll, ob der natürliche Vater oder der Spaß-Onkel, von höchst komischer Wirkung sind, wenn vielleicht auch ein gutes Theil dieser Komik gar nicht auf Rechnung des Autors geschrieben werden darf. Es finden sich ferner fast in allen diesen Stücken, ja man kann sagen: fast in allen dramatischen Leistungen der neueren Schule, einzelne oder mehrere komische Charaktere; aber auch diese Komik ist in sehr vielen Fällen eine ganz und gar unfreiwillige, gar nicht in der Absicht des Autors liegende. Die sämmtlichen Augier'schen Tugendhelden z. B. haben ihre komischen Seiten und veranlassen durch ihr Benehmen nicht selten gerade an solchen Stellen, welche von dem Autor augenscheinlich sehr ernsthaft gemeint sind, jenes unwillkürliche Lächeln, dem wir nachgeben müssen, wenn der Ernst übertrieben oder die Moral mit zu dicken Farben aufgetragen wird. Ich gebe zu, daß das französische Publikum das Lächerliche solcher Situationen vielleicht gar nicht oder doch nicht in dem Grade, wie ein nicht-französisches empfinden mag, denn die unfreiwillig komische Wirkung hängt zum Theil damit zusammen, daß die Begriffe verschiedener Nationen von Tugend, Ehre, Leidenschaft, Liebe u. s. w. sehr verschiedene sind. Aber es giebt gewisse dramatische Gesetze, die sich bei allen Nationen wiederfinden, welche Einfluß auf die Weltliteratur gehabt haben; und eins von diesen Gesetzen lautet dahin, daß eine Komödie, welche in ihren Effektscenen auf einen blos unfreiwilligen Humor basirt ist, keine Komödie ist. Augier und seine Nachahmer haben, wie bereits angedeutet, in vielen ihrer Stücke die Gegensätze von Liebe und Geld, den Kampf zwischen Gewissen und Neigung aus dem Mittelpunkte eines sogenannten nobeln Charakters heraus zum Knotenpunkt ihrer dramatischen Fabeln erwählt. Der noble Charakter ist arm und wird von einem reichen Mädchen geliebt, an deren Reichthum jedoch einige Makel kleben, z. B. der Gewinnst aus einem mit Hilfe eines gewandten Advokaten gewonnenen Prozesse; der Profit aus einer glücklichen Börsen-Spekulation, welche so und soviel andere ins Unglück gebracht hat. Der heutige Geschäftsstyl nennt dergleichen Vermögens-Vortheile, was sie in der That auch sind, Chancen, und es wird keinem objektiv urtheilenden Gewissen einfallen, diese Chancen mit dem Maßstab des moralischen Rigorismus früherer Jahrhunderte zu messen, in denen das Geld drei- oder vier mal so viel werth war, und deren strengere Moral zum guten Theil auf einer beschränkteren Lebensanschauung basirt war. Aber der noble Charakter, gewissermaßen der umgekehrte Sündenbock des französischen Theaters von heute, nimmt den an dem Gelde haftenden Fluch so mancher verarmten und verwaisten Familie und die damit verbundene Schuld des reichen Vaters in seinem ganzen Umfange auf sich; er will sein Gewissen auch nicht mit einem Sous dieser verabscheuenswerthen Millionen seines Schwiegervaters in spe beflecken, er verzichtet auf die in Gold gefaßte Braut, bis diese, angesteckt von der verkehrten Gold=Antipathie des Helden, und zugleich aus eigener natürlicher Liebes=Schwärmerei den papa million überredet, die schwere Bürde des verbrecherischen Schatzes über Bord zu werfen und in den Staub der heiligen Unschuld zurückzukehren. Man sieht, wie die an und für sich begründete Verachtung der Gold=heirathen, wenn sie übertrieben und karikirt wird, lächerlich werden muß. Denn die Consequenz jenes überzarten Abscheu's vor der materiellen Gesinnung der Männer muß die reichen Erbinnen schließlich zu prädestinirten alten Jungfern machen, da die Dramatik des Lebens es nicht immer so günstig gestaltet, daß der Gold=Onkel oder Vater seine mühsam erworbenen Millionen in die Seine oder Spree wirft, um eine Grille seiner Tochter oder seines künftigen Schwiegersohns zu befriedigen.*)

Diese unfreiwillige Komik und die mannigfachen einzelnen wirklich komischen Züge ausgenommen, fehlt es der neuern französischen comédie an dem ersten Erfordernisse eines Lustspiels, an einem komischen Grundplan, an einem sittlichen oder socialen Conflikt, welcher als solcher durch seine positiv=komische Natur die Behauptung französischer Kritiker**) rechtfertigen könnte, daß die Tragödie und das Drama sich überlebt haben, und daß als einzige zulässige Form der modernen Dramatik die Komödie, worunter wir im Gegensatz zum Drama Nichts anderes als das Lustspiel verstehen können, übrig geblieben sei. Einzelne Augier'sche und die meisten Sardou'schen Stücke ausgenommen, haben sogar die eigentlich effektvollen comédies der realistischen Schule entschieden ernsthafte Motive zur Grundlage. Ich nenne nur: erstens „le demi-monde" von Dumas, ein durch seine Charakteristik namentlich der Damen=Rollen, durch geistreichen Dialog und viele schöne Stellen ausgezeichnetes Stück, vielleicht das Beste der Dumas=Periode, welches in der sérieusesten Weise den Lehrsatz durchführt, daß ein homme comme il faut nur eine ebensolche Frau heirathen darf, aber keine Glücksritterin; zweitens: den schon besprochenen: „fils de Giboyer" von Augier, welcher in seiner ersten, von der zweiten wesentlich abweichenden Form unter dem Titel: „les effrontés" einen allgemeinen Ach= und Wehschrei der

---

*) Dergleichen Motive finden sich in den meisten vier- oder fünfaktigen comédies. Des Beispiels wegen führe ich an: „les inutiles" und: ceinture dorée par Augier und „l'oncle million" par Bouilhet, wo die unwillkürliche Komik einen besonders hohen Grad erreicht.

**) u. a. Ed. About in den „Causeries."

Pariser Presse hervorrief, da man dieses Stück für das Werk eines modernen Aristophanes hielt und ihm die Absicht suppedirte, der Presse ihr theuerstes Recht, nämlich ihre Käuflichkeit zu bestreiten; während es, wie bereits oben ausgeführt ist, nur eine ganz ernsthafte und nüchterne Parteischrift gegen die Orthodoxie darstellen soll. Aber nicht der Ernst, sondern die Schlechtigkeit, Untüchtigkeit, und die ganze geschmacklose Invention ist es, die der französischen comédie jeden Anspruch auf Lustspiel-Qualität raubt und sie zu einem Genre macht, welches kein Kunstgenre mehr ist, sondern eine bloße Art, das Leben und die Gesellschaft photographisch darzustellen, d. h. ihr Gegenbild auf möglichst mechanischem, unkünstlerischem Wege zu vervielfältigen. Denn in der That ist die Monotonie der decadénce-Komödien, die stereotype Einerleiheit derselben Deklamationen und Sturmpetitionen gegen die Fäulniß unserer socialen Zustände, gegen die Ausschweifungen der jeunesse dorée, den Weiber- und den Geld-Götzendienst von einer so unerträglichen Art, daß die ganze überschwängliche Theater-Leidenschaft einer Nation, wie die französische, dazu gehört, um an den hundertfältigen Wiederholungen dieser Pariser Zugstücke ein Gefallen zu finden, dessen sich niemals ein Autor der klassischen Zeit hat rühmen können.

Man geht aber freilich heutzutage nicht, wie ehedem, in das Theater, um sich an den Gebilden der schönsten Kunst zu erbauen, um ein ruhiges Gewissen und einen heiteren festen Sinn aus dem Tempel Thaliens mit nach Hause zu nehmen, sondern man faßt das Theater-Vergnügen, wie jeden anderen Genuß, von der materiellen, physischen Seite auf: man verlangt Augenschmaus und Ohrenkitzel, Erschütterung des Zwerchfells, Beförderung der Verdauung, und die Theater-Direktionen, die selbstverständlich den Wünschen des Publikums nur entgegenkommen können, nehmen daher keinen Anstand, ein- und dasselbe Stück nach Art einer Repetiruhr ein ganzes Jahr hindurch allabendlich aufzuziehen und abschnurren zu lassen, für Befriedigung jener physischen Bedürfnisse aber durch ein Paar neue Couplets und Bonmots, durch einige frisch rekrutirte hübsche Gesichter und sonstige Allotria Sorge zu tragen.

Nach dieser Perspektive hin läßt sich eine ungefähre Definition der, streng genommen, undefinirbaren comédie dahin fassen: sie ist ein Theaterstück, wobei man lachen, hübsche Gesichter sehen, einige pikante und frivole Redensarten hören, und schließlich: à la décadence schreien kann, um doch eine Moral mit nach Hause zu nehmen.

Fragt man nun weiter, worin der Unterschied zwischen dem, was die Franzosen comédie nennen und dem, was sie mit drame bezeichnen, liegt, so ist dieser Unterschied zunächst nur ein negativer, d. h. drame ist Alles, was nicht tragédie, comédie, vaudeville oder Melodrama ist. Dieses ist aber so gut wie Nichts; es ist der Rest, das letzte Echo des bürgerlichen und romantischen Schauspiels, welches einst vermöge des Einflusses der jungdeutschen Schule in Frankreich eine große Rolle spielte. Noch heutzutage ist, wie gesagt, dieses Genre nicht gänzlich ausgestorben.*) Denn die Franzosen lassen sich gern rühren; was ihnen im Leben fehlt, das suchen sie in der Kunst auf, den sentimentalen und melancholischen Zug, der sich sogar in der realistischen Schule nicht ganz verloren hat. Indessen die neuen Produktionen, welche wirklich ritterlich=romantische oder bürgerlich=sentimentale Farbe bekennen, sind außerordentlich selten und werden mit einem gewissen Mißtrauen von Kritik und Publikum aufgenommen, weil sie in der Regel schwache Regenerations-Versuche des verdorbenen Geschmacks enthalten, und ein Zeitalter sich ungern von einem andern am Zopf fassen läßt. Der in vielen dramatischen Sätteln gerechte Scribe hat das französische Theater-Repertoir auch mit einigen drames versehen, die auf der Pariser Bühne des Gymnase, der eigentlichen angestammten Heimath der Rührstücke, noch hin und wieder zum Vorschein kommen. Von den lebenden hervorragenden Dramatikern ist außer den ziemlich antiquirten Dennery und Féval nur Legouvé, bei Lebzeiten Scribe's bestem bevorzugter aide-de-camp, als aktueller Dramen-Verfasser zu nennen; er hat z. B. die Consuelo von G. Sand unter dem Titel: „Beatrix ou le Madone de l'art" dramatisirt und damit noch im Jahre 1862 einen succès d'exhibition erzielt, indem die Ristori die Titelrolle spielte. Auch der im Genre der deskriptiven Dichtung renommirte Bouilhet ist Verfasser einer Reihe versificirter Dramen, von denen ich Madame de Montarcy, Hélène Peyron, Meloenis nenne, welche durch komische Effekte und eine glatte mit poetischem Firniß versehene Sprache den Mangel eines echten dramatischen Flusses vergeblich zu ersetzen bemüht sind.

Trotzdem nun die Komödie der realistischen Schule einen entschiedenen Bruch mit der alten Technik und dem Zunft-Wesen enthält, ist sie dennoch in ihrer Grundstimmung im Einklange mit dem traditionellen Ton des Gezwungenen, Schablonenmäßigen geblieben; sie

---

*) Im Winter 1868/69 hat sogar der Realistiker Sardou ein Drama unter dem Titel „la patrie" zur Aufführung gebracht, worin er die Vaterlandsliebe eines flandrischen Grafen unter dem Schreckensregiment des Herzogs von Alba verherrlicht.

hat die alten Stelzen der Klassiker nicht ganz weggeworfen, sondern sie nur mit modernen Schnörkeleien versehen und sie an einen leiseren Auftritt gewöhnt. Der deutsche Sinn fühlt sich noch immer beengt beim Anschauen französischer Theaterstücke. Nirgends auch nur der geringste Luftzug eines freien Gefühls, einer gegen die traditionellen Vorurtheile der Gesellschaft revolutionirenden, auf eigenen Füßen stehenden Persönlichkeit. Die Leidenschaft hat nur das Recht, welches ihr im Gesetzbuch der Mode der décadence zugeschrieben wird. Was modern, was französisch, wo möglich parisisch ist, das wird applaudirt, darin ist Geschmack, Geist, selbst Leidenschaft, d. h. jenes unnennbare Etwas, welches auch ebenso gut Apathie bedeuten kann, und das je nach der Tageslosung mit „chic" oder „chien" oder „comme il faut" u. s. w. bezeichnet wird. Was aber darüber hinaus ist, das ist vom Uebel. Das Nationalbewußtsein der Franzosen, im Leben und in der Geschichte ein Hebel zu großen Thaten, wird in der Kunst, wo als letzte Richterin nur die reine Menschlichkeit gilt, zum Zopf, zum ganz abscheulichen Zopf, der um so abscheulicher ist, als er gegenwärtig der Zopf der décadence, mithin des sinkenden Nationalbewußtseins ist. Zu diesen zopfmäßigen Velleitäten rechne ich z. B. das stereotype unglückliche Bewußtsein, welches die besten Vertreter der realistischen Schule den verheiratheten Frauen andichten, und das sie nicht anders in's Gleichgewicht zu bringen im Stande sind, als indem sie die unverstandene, nach einer wahren und reinen Liebe sich sehnende junge Frau mit irgend einem deus ex machina, genannt: cousin, an dem es der modernen Theater-Maschinerie nie fehlt, zusammenführen und schließlich die ganze eheliche Frage auf ein Pistolen-Duell zwischen dem Cicisbeo und dem Ehemanne reduciren. Auf der andern Seite erscheint ihnen auch die Liebe eines jungen Mannes zu einer verheiratheten Frau unendlich viel poetischer und dramatischer, als zu einem simplen jungen Mädchen, welches noch keine Erfahrungen im Liebe-Leben hinter sich hat und daher nur aus dem reinen Gefühl, aus selbstloser Hingabe lieben könnte. Diese Stereotypität findet sich in den meisten Sardou'schen und Augier'schen Stücken mit geringen Variationen wieder; auch der sonst mit einer großen psychologischen Feinheit arbeitende Octave Feuillet ist von dieser Schwachheit nicht gänzlich freizusprechen. Es mag richtig sein, daß in Frankreich, wo die klösterliche Pensionats-Erziehung dem weiblichen Herzen die Ehe als das Symbol der ersten und absolutesten geselligen Freiheit erscheinen läßt, die eheliche Liebe einen geringeren Werth hat, als diesseits des Rheins, und daß in Folge dessen der Ehebruch den

Galliern weniger moralisch=verwerflich oder gewissermaßen natürlicher erscheint als uns. Aber charakteristisch für die Beschränktheit, ja Philistrosität der französischen Lebensanschauung ist es, daß in vielen Fällen, wo die Schuld der Frau zu einem wirklichen dramatischen Konflikt führen soll, der Dichter durch irgend einen Zufall, und sollte es ein plötzlicher Donnerschlag aus heiterem Himmel*) oder ein todtgeschossener Fuchs**) sein, die Phantasie des Zuschauers irre leitet, die Schuldfrage verflüchtigt und am Ende einen ehelichen Friedensschluß in aller Form zu Stande bringt. Es ist dies nicht sowohl Abscheu vor einem tragischen Ausgang, vor der Realität des Verbrechens, als vielmehr das Unvermögen, die Leidenschaft als die Gesetzgeberin ihrer Selbstregierung sich zu denken. Ist ein Mal eine kräftige, wenn auch verbrecherische Leidenschaft da, so wird sie so lange und so oft mit Papier umwickelt und überall: „Gift" darauf geschrieben daß die Inhaberin selber sich ohne Beweis für überführt erachtet und reumüthig der Tugend in die Arme flüchtet. Ueberhaupt gelingt den Franzosen, so groß und begründet ihr Ruf als galante Abenteurer sein mag, die künstlerische Entwicklung des Liebes-Prozesses im Drama am allerschlechtesten. So viel Grazie und Esprit der Franzose auch in sein Liebeswerben zu legen weiß, es will uns immer nur wie ein parfümirtes nachgemachtes Seidenblumen-Bouquet erscheinen; nicht wie der ursprüngliche Duft einer natürlichen Blüthe, welche bei größerer Bescheidenheit doch im entscheidenden Augenblick eine größere Stärke besitzt und mit ihren im festen Boden des Gefühls-Reichthums verlaufenden Wurzeln immer neue Kraft aus unsichtbaren Tiefen saugt. Die Liebe des französischen Theaterhelden besitzt trotz ihrer größeren Keckheit, Bewußtheit, und Aufgelegtheit zu Heldenthaten nicht den stilleren ethischen und poetischen Muth, den Kampf mit den elementarischen Widersprüchen in der Gesellschaft durchzufechten, die Selbstständigkeit mitten im gesellschaftlichen Antagonismus zu behaupten. Diese Liebe ist zu sehr Beifallsliebe; die alte scholastische Streitfrage, ob eine Frau, die ihrem Manne gefällt, aber das Mißfallen der ganzen übrigen Welt erregt, oder eine Frau von entgegengesetzter Beschaffenheit vorzuziehen sei, wird, dem dramatischen Heroismus zum Trotz, vor dem Forum der Pariser Theaterbühne stets zu Gunsten der letzteren Alternative entschieden. Und dann diese ewigen Schwüre; diese ewigen Formalitäten und hors d'oeuvre der Liebe, auf welche der Fran-

---

*) In: „la perle noire" par V. Sardou.
**) In: „Nos intimes," von demselben

zose einen so unendlichen Werth legt. Es genügt ihnen nicht, daß zwei Herzen sich gefunden haben; das Gefühl als solches ist ihnen unverständlich; es muß klassificirt werden; es muß immer und immer wieder gesagt werden, daß es sich um eine einzige wahre, um eine erste Liebe handelt, welche alle Proben bestehen wird. Und nun wird wieder eine ganze Höllenmaschine von zweiten, dritten, vierten u. s. w. Liebschaften ins Werk gesetzt, um der einfachen Empfindung zweier Liebenden Relief zu geben. Alsdann die ewigen End- und Anfangs-Termine, mit: „je suis le plus heureux (le plus malheureux) de tous les hommes;" in der Mitte kein rechter Fluß, sondern ein ewiges Kißeln und Coquettiren, ein förmliches Zum-besten-haben, ein Versteckenspielen der Liebe, kein Ausschütten der ganzen vollen Persönlichkeit, kein „Reigen von Herzen zu Herzen."

Es ist richtig, daß die bloße Liebe auf die Dauer langweilig wird; hat doch selbst ein Shakespeare es für nöthig gehalten, zwischen Romeo's und Julia's Küssen und Liebesseufzern das Schwerterklirren feindlicher Parteien und das Todesröcheln Mercutio's hören zu lassen. Aber die wahre Sprache der Liebe ist kein Schwurformalismus; sie ist entweder stumm wie das Schweigen einer Frühlingsnacht, oder beredt, stürmisch beredt, wie der Gießbach, der sich über Felsen stürzt; aber sie ist keine Conversation, kein mittelmäßiger Geschäftston, wie man ihn in Salons gewohnt ist. Die französische Sprache selber ist hierbei freilich das größte Hinderniß; sie ist keine dramatische Sprache. Es finden sich in ihr wenige oder gar keine Redensarten von so zu sagen kupfernem Gepräge; ihre Ausdrucksweise ist nie gemein; sie ist selten oder nie im Negligée; aber sie kennt auch nicht den königlichen Anstand der freigebornen Göttersöhne, der Gedanken und Leidenschaften, welche das Wort nur wie ein dünnes durchsichtiges Gewand um die Schultern schlagen oder denen es wie Flügel an den Leib gewachsen ist. Mitten in dem angenehmsten Geräusch der silbern klingenden französischen Prosa oder Poesie empfindet man einen unauslöschlichen Durst nach einem einzigen Goldklange reinen unverfälschten Gefühls; diesen einzigen Goldklang aber bleibt uns der Dichter schuldig und wir scheiden mit brennendem, aber nicht erquicktem Herzen aus seiner Wüste voll Silbersand. Es ist wahr, daß die neuesten Dramatiker nicht ohne Erfolg sich bemüht haben, diesen akademischen Sprachbann zu brechen und der Muse die Zunge zu lösen, die dem Volke längst gelöst ist. Lobenswerth ist insbesondere die Kühnheit Sardou's, welcher in seinen „bons villageois" das patois der Landbevölkerung in der Umgegend von Paris auf die Bühne ge=

bracht und überhaupt den freiesten Ton angeschlagen hat, der bisher in den Räumen des théâtre français gehört worden ist. Aber der von uns gerügte Fehler ist kein bloßer Fehler der Sprache; er hängt mit dem schon mehrfach bekrittelten hereditären Stelzengang des französischen Geistes zusammen.

Unter allen Erzeugnissen der neuesten französischen Dramatik ist mir, offen gestanden, nur ein einziges „la joie de la maison" von Dumanoir bekannt, welches jenen Fehler einer auf Reisen gespannten Gefühlsseligkeit am wenigsten oder fast gar nicht zum Vorschein kommen läßt. Schon das Motiv des Stückes ist ein rein gemüthliches. Ein seiner Frau und Familie durch die Ranküne einer bösen Schwiegermutter entfremdeter Mann, der seit geraumer Zeit sich wieder in die Freuden des Garçon-Daseins eingelebt hat, wird durch seine inzwischen zur „Freude des Hauses" herangeblühte Tochter in die Arme seiner Gattin zurückgeführt und durch einen neu beginnenden Liebesfrühling mit dem stillen Frieden der Familie ausgesöhnt. Hier ist der Kontrast zwischen der einsamen negativen Freiheit des Junggesellen, welche durch unerfüllte Wünsche und eine beständige ruhelose Vergnügungs-Jägerei sehr illusorisch gemacht wird, und dem ruhigen Dahingleiten des Familienlebens, welches seinen Schwerpunkt in sich selber hat, mit schöner Wirkung zur Darstellung gebracht. Ebenso ist dem Charakter des jungen Mädchens, welche aus eigenem Entschluß, nur unterstützt durch einen Verwandten des Hauses, dessen Herz und Hand sie mit dieser echt-weiblichen That erobert, die weite Reise zu ihrem in der Weltstadt weilenden, von ihr kaum gekannten Vater unternimmt, nicht die mindeste Gewalt angethan, sondern dieser Charakter entfaltet sich auf dem natürlichsten Grunde einer sehnsüchtigen Kindesliebe und eines angebornen, sich immer gleich bleibenden Frohsinns.

Es ist dies Stück aber, wie gesagt, nur eine exceptionelle Erscheinung, und wir dürfen daran, so wie an die noch mehr antifranzösische Richtung einer G. Sand, welche in ihrem „Marquis de Villemer" eins der undefinirbarsten, originalsten und individuellsten dramatischen Gemälde aus dem Tropenklima ihrer weiblichen Phantasie geliefert hat, keine weiteren Folgerungen für eine Fortsetzung des humanistischen Charakterzuges an die Zukunft knüpfen. Die Franzosen werden, wenn sie ihre sonstige décadence-Stimmung überwinden wollen, gut daran thun, sich ein Bißchen mehr mit englischer und deutscher Dramatik zu beschäftigen; sonst dürften sie bei dem Eintritt einer dramatischen Sündfluth schwerlich einen Berg Ararat finden, um darauf ihren Nationalschatz von klassischen Theaterstücken in Sicherheit zu bringen. Dieser Rath ist durchaus kein mephistophelischer, keiner à la Monsieur Josse; sondern er beruht auf einem Dankbarkeitsgefühl, welches die französische Bühne mit Recht von der deutschen beanspruchen kann. Was wir von den Franzosen gelernt haben und noch immer lernen können, ist gerade so viel werth, wie das, was sie durch eine intimere Verständigung mit der deutschen Theater-Dichtung, für sich selber von uns profitiren können. Die Franzosen sind im Punkte der technischen Abrundung, der Sauberkeit der Mache uns immer noch weit voraus. Kein Volk versteht so gut die Rechnung mit den theatralischen Effekten, so zu sagen das Bühnen-Schachspiel, welches einer jeden Figur ihren richtigen Platz zuweist und vom Bauer keine Schritte verlangt, wie sie nur der Springer ausführen kann. Durch ihre Schul-Eintheilungen sind die Franzosen im Stande, ein jedes Fach mit dem besten Manne zu besetzen; die festen Vorstellungen, welche sie mit einer jeden Rolle verbinden, geben dem Dichter und Darsteller eine Sicherheit welche zugleich einen lebhaften Rapport mit dem Publikum erzeugt und die großen Erfolge gewisser Stücke erklärlich macht, welche nach dieser Schachbrett-Manier verfaßt sind. Man weiß zu Anfang eines solchen Stückes immer ungefähr, was dabei herauskommen wird; man kann sich nach den ersten Zügen die anderen zusammenrechnen. Man ist unterhalten, ohne große geistige Anstrengung oder Gefühls-Aufregung; es ist keine Folterbank, auf die unsere Seele gelegt wird; es ist nicht ein Mal ein peinliches Verhör unseres Gewissens; es ist ein vertrauliches Geplauder mit unsern Lieblings-Ideen, ein Spaziergang in dem Ziergärtchen unserer Phantasie, wo überall Ruheplätze angebracht sind und die Erholungs-Pausen fast größer sind, als die Arbeitszeiten.

Für die Tüchtigkeit dieser Stücke spricht, daß sie mit ganz besonderer Vorliebe auch vom deutschen Publikum gesehen werden; ja manche von ihnen sind geradezu deutsche Stücke geworden, und der Einfluß, den sie durch dieses Bürgerrecht auf unsere deutsche Bühnenschriftstellerei geübt haben, hat sich gerade in den letzten Decennien in eminenter Weise auf unsern Theatern geltend gemacht. Des Beispiels wegen greife ich aus der Masse folgende vier heraus: „on demande un gouverneur" comédie en 2 actes par Decourcelle et Jaime-fils; „les femmes qui pleurent," par Siraudin et Thiboust; „une parthie de piquet" en 2 actes par Sandeau; „la joie fait peur" par Mme Emile de Girardin.

Die drei ersten Stücke sind von der Art, welche einem succès d'exhibition am günstigsten ist, und es ist daher schon aus diesem Grunde ihre Einbürgerung in Deutschland erklärlich. Befindet sich die Hauptrolle in den Händen eines tüchtigen Charakterdarstellers, an dem es auf einer größern deutschen Bühne selten fehlen wird, so ist ihr Glück gemacht; die andern Figuren haben sich nur zu gruppiren, und die Züge der Hauptfigur nachzuthun. Besonders die zweiaktige Decourcelle'sche Comödie: enthält in „Frédéric de Marsan" eine förmliche Parforce-Tour für einen Schauspieler, der in kürzester Frist die ganze Stufenleiter der Affekte eines bekehrten Lebemannes, der Hauslehrer, Familien-Vorstand, Liebhaber, Geschäftsmann u. s. w. in einer Person darstellen soll, durchzumachen hat. Auch die Rolle des alten Marquis in der „Parthie Piquet" bietet eine vorzügliche Gelegenheit zur Entfaltung eines großen Apparats mimischer Mittel. Es ist die bekannte Figur des durch die Emigration armgewordenen, aber keineswegs bekehrten, sondern in seinen Standes-Vorurtheilen festgefrornen französischen Aristokraten aus der Zeit der letzten Bourbonen, dem wir bereits in Sanbeau's: Mademoiselle de la Seiglière begegnet sind.

Diese Kabinetsstücke der Theaterliteratur, deren Bildniß-Aehnlichkeit wie aus dem Spiegel gestohlen erscheint, bilden einen ganz eigenthümlichen Kontrast zur realistischen, mehr an Daguerre's Verfahren erinnernden Komödie, deren Hauptvertreter wir nun in einem besonderen Theil zu charakterisiren versuchen wollen.

III.

Zu bedauern ist zunächst, daß wir weder ein eigentliches Programm-Preisstück mit ausgesprochenem Partei-Charakter besitzen, noch auch einen eigentlichen Stimmführer der realistischen Schule namhaft machen können. Die Revolutions-Dramatik hatte ihre „Hochzeit Figaro's," die romantische Schule schwur auf die Worte und Werke Victor Hugo's, die neueste dramatische Kunst Frankreichs hat keinen Mittelpunkt, keine feste Achse, um die sich ihre irrenden Sterne bewegen könnten. Die Meister so gut wie die Adepten arbeiten auf eigne Hand; keiner geht in des andern Schule, wennschon keiner sich entblödet, die Taschen des andern gelegentlich nach kleiner dramatischer Münze zu visitiren und dergleichen nothwendige Spiel-Pfennige später als wirkliches Original-Gepräge auszugeben. Dieses Freizügigkeits-System, welches einem jeden homo novus erlaubt, sich auf seinem eignen Parnaß niederzulassen, ohne dazu erst einer Concession der Zunftmitglieder zu bedürfen, ist als Zeichen der Zeit ungefähr zugleich mit

dem 2. Dezember 1851 am social=politischen Himmel Frankreichs auf=
gegangen; das irregewordene National=Bewußtsein flüchtet sich in
diese tiefern Regionen, und die Freiheit der Musen artet in Flegelei
aus, da dem Volke der ernste Hintergrund der politischen Freiheit ver=
dunkelt ist. Es charakterisirt dies die Entartung der modernen Kunst,
den Uebergang derselben zum Handwerk, den Verrath an ihren eig=
nen Mysterien, die Fraternisirung mit dem Virtuosenthum. Die wahr=
hafte Kunst, insbesondere die dichtende, ist ihrem Wesen nach akade=
misch; nicht akademisch in dem Sinne einer Formel=Weisheit, einer
Geheim=Schreiberei der Kunst, wie sie einst die deutschen Meistersin=
ger lehrten, sondern akademisch=gymnastisch durch die organische Bil=
dung des Individuums. Die Erziehung großer Künstler kann nur
auf dem Wege des schulmäßigen Unterrichts, nur unter den Augen
anerkannter Meister geschehen; das bloße Naturalisiren und Experi=
mentiren auf eigene Hand wird immer zur Verwahrlosung der Kunst=
Prinzipien, zum Verfall der festen Säulen des uralten Musentem=
pels führen.

Die Kniffe und Pfiffe des Handwerks sind nicht so schwer zu er=
lernen, wie die technischen Schwierigkeiten der Kunst zu überwinden
sind. Der Eindruck eines vollendeten Goldschmied=Meisterstücks, das
ohne eigene Invention nach einem bestimmten Modell gearbeitet und
im Einzelnen mit der größten Pünktlichkeit und Sauberkeit ausge=
führt ist, muß in unsern so sehr auf mechanische Vollendung bedach=
ten Zeiten entschieden günstiger sein, als die unbestimmteren Züge
eines Kunstwerks aus grauem Marmor, welches zwar auf eigenen
Füßen ruht, aber doch jene Freiheit vermissen läßt, welche nur aus=
gedrückt werden kann, wenn der Künstler in dem Bewußtsein, daß er
sich in Uebereinstimmung mit einer ganzen Generation befindet, gear=
beitet hat.

Daher die Abneigung gegen Gründung abgeschlossener Künstler=
Schulen, daher die Vorliebe für das selbstständige Pfuschen im
Handwerk.

Die industriellen Raschmacher=Arbeiten der Realistiker sind jedoch,
wenn sie auch von der Aesthetik verworfen werden müssen, ein ent=
schiedener socialistischer Fortschritt. Der Kontrast zwischen Ideal und
Leben ist heutzutage kein ernstgemeinter mehr; und wenn er noch nach
wie vor als wirksames Marterwerkzeug für die menschliche Phantasie
benutzt wird, so beruht sein Schrecken mehr in der Einbildung, er
möchte noch ein Mal in seiner alten Hohlheit und Trübsinnigkeit er=
wachen, als auf seiner gegenwärtigen Realität.

Das Ideal ist weniger Ideal, das Leben mehr Leben geworden. Wenn also unsre Dramatiker sich mehr an das Letztere halten, und das Leben auf der breitesten Grundlage, ohne künstlerische Einengung, veranschaulichen, so sündigen sie weniger gegen den gesunden Menschenverstand, als die Romantiker und ihre Antipoden und Epigonen, welche zuerst das Land der Träume als die wahre Heimath des Ideals darstellten und nachher mit versengten Ikarusflügeln von dieser luftigen Fahrt in den tiefsten Schlamm der unterirdischen Naturwahrheit versanken.

Die Aktualitäten, wie wir die dramatischen Versuche unserer heutigen Bühnenkünstler nennen könnten, sind weniger Bilder, als Photographien des wirklichen Lebens. Wir wissen, daß die photographischen Typen, weit davon entfernt, getreue Reproduktionen der lebendigen Wahrheit zu sein, nur den Leib derselben in seiner momentanen Erscheinung mit allen Velleitäten, mit seinen Pockennarben und Weisheitsrunzeln, mit dem Schaum und der Hefe seiner ephemerischen Natur zur Anschauung bringen. Aber der Betrug, den uns der Photograph spielt, ist sinnlicher, mechanischer Art, und daher weniger gefährlich als die geistige Täuschung, welche in jedem Kunstwerk liegt, wenn nicht die Wahrheit Selbstzweck desselben ist. Die französischen Komödienschreiber sind keine großen Matadore der Weltliteratur, wie sich die Romantiker zu sein einbildeten; ihre Dramen sind nicht auf nachhaltige Wirkung berechnet, ihre Perspektive geht nicht bis in die fernsten Geschlechter, sie stellen sich nicht auf den erhabenen Standpunkt von Propheten, welche das Land der Verheißung nie betreten, sondern nur den Weg dorthin zeigen. Sie sind im vollsten Sinne des Wortes Kinder ihrer Zeit; sie verstehen den Augenblick zu benutzen. An irgend einem interessanten point de vue der modernen Gesellschaft stellen sie ihren Kasten auf; irgend eine Zeitungsgeschichte, ein Straßen=Skandal, genügt ihnen zum Motiv, und das Momentbild, welches sie mit wenigen zeitgemäßen Reflexionen retouchiren, wird von dem heißhungrigen Magen derselben Leute, die bei der Aufnahme des Bildes Modell gestanden haben, mit größtem Behagen aufgenommen und verdaut.

Die kleineren und mittleren Leidenschaften, welche eine so große Rolle im Leben des Menschen, der Gesellschaft, des Staates spielen, müssen vor den Dramen=Schriftstellern die Revue passiren. Aber die Kritik, welche sie gegen dieselben ausüben, ist wesentlich passiver Natur. Sie ereifern sich nicht gegen die Schlechtigkeit der Menschen; sie stellen sich nicht in den Dienst der Zukunft und brechen eine Lanze mit der Gegenwart; sie lassen nur das negative Licht der photographischen Kritik in die dunkle Kammer des Verbrechens und in die sonnenbeschienene Salonswelt der schönen Sünderinnen fallen. Sie machen anatomische Studien an dem socialen Organismus; sie sind vielmehr Scheidekünstler als Componisten. Und hier ist m. E. der Grund zu suchen, warum wir einem unheilbaren Verfall der in der dramatischen Kunst liegenden moralischen Macht entgegengehen. Die chemische Analyse ist ein wissenschaftliches Verfahren; ihre Ergebnisse können über unsere Phantasie keine Gewalt haben; sie entbehren der poetischen Kraft, um eine Rückwirkung auf unser Gemüth auszuüben. Wenn also erst das Drama mit dieser Kunst der Analyse fertig sein wird, — und die Zeit wird kommen, wo nichts mehr zu analysiren da sein wird — was soll alsdann aus dem Theater werden? Das Spektakelstück, die Ausstattungs-Possen, die Feerien, die Exhibitions-Dramen, alle diese unter jeder Kritik stehenden Lieblingsspeisen des heutigen Theater-Publikums, werden die dramatische Muse in ihr bereits geöffnetes Grab schrecken. Was läßt sich von einem Publikum erwarten, welches ruhig und gelassen bleibt, wenn ihm die noch zuckenden Eingeweide seines innersten Bewußtseins, mit wenigem theatralischen Flitter ausgeputzt, vor die Füße geworfen werden? Wo ist noch Scham und Schande zu erwarten, wenn die geheimsten Sünden der Phantasie, die onanistischen Selbstmordversuche einer verzweiflungsvollen Seele mit lachendem Munde hingeplaudert und mit blasirtem Gähnen beantwortet werden? Die Illusion ist ein für alle Mal zerstört; wir haben den Schein überwunden, und mit ihm den Gefallen an der einfachen Schöne der Wahrheit verloren, wir können uns nicht mehr vergnügen an dem kindlichen Lächeln der Muse. Die Lust an obscönen Photographieen, der wollüstige Kitzel bei wortgetreuen Darstellungen der geheimsten Sünden, die Gleichgültigkeit gegen jede Unmoralität, wenn sie nur von einem festen Egoismus unterstützt wird, sind, wo nicht klassische, so doch unwiderlegliche Zeugen für den bevorstehenden Untergang eines Theils der geistigen Welt, der nur in den festen Angeln der Sittenreinheit ruhen kann. Denn die dramatische Kunst bedarf vor allem der Illusion und einer stabilen, möglichst eingeschränkten Moralität. Wenn die andern Künste zum Theil durch ihre bevorzugten Formen, zum Theil durch die Heimlichkeit ihrer Wirkungen mit einer größeren Saugkraft an dem Gewissen des Menschen festhalten, so ist dagegen die dramatische Kunst, welche durch die Unmittelbarkeit ihrer Bilder wirken soll, in der übeln Lage, mit jedem, auch dem geringsten Dinge

Ernst zu machen; sie muß vom menschlichen Herzen abfallen, sobald dieses nur noch den Ernst des Egoismus kennt.

Die Wirkung aller Kunst ist zunächst naiver Beschaffenheit; der höhere kritische Genuß ist nur dem durchgebildeten Geiste möglich, und auch für diesen nur ein sekundäres und prekäres Vergnügen. Wer sich aber heute in ein Theater setzen wollte, um mit naiver Hingebung zu genießen, zu lachen, zu weinen, sich zu freuen und Schmerz zu empfinden, wie würde man einem solchen begegnen? Man würde ihn einen Barbaren, einen Provinzialen, einen Kanabier schelten. Wer da lachen will, der soll es thun, wenn es die andern thun: Und weinen? Davon kann unter keinen Umständen die Rede sein. Man giebt ja heutzutage die Rührstücke, bei denen unsere Voreltern ganze Ströme der herrlichsten Seelenperlen verloren, nicht, um ein Gleiches zu thun, sondern nur, um über die Kindlichkeit früherer Zeiten mit überlegenem Lächeln die Achseln zu zucken. Aus den Schicksals=Tragödien der dreißiger Jahre sind leibliche Komödien von heute geworden. Es kann mir nicht einfallen, einen solchen Zustand des ästhetischen Bewußtseins zurückzuwünschen, wie ihn ein Kotzebue und Clauren beburften, um den in ihren Machwerken aufgehäuften Rührstoff in Flammen aufgehen zu sehen. Aber mit jenen kleinen Geistern fangen auch die größten dramatischen Genies ihren allmähligen Rückzug aus der Welt der Bühnen=Wirklichkeit an, und retiriren vor dem Schnellfeuer der Dramen=Fabrikations=Aktien=Gesellschaften in die Sphäre der reinen Geistigkeit. „Zerrissenheit ist die vorletzte, Blasirtheit die letzte Form."[1])

Wenn wir nun trotz aller kritisch-technischen Zweifel die Thatsache, daß eine realistische Schule im Drama auf unserer gegenwärtigen Tagesordnung steht, nicht hinwegleugnen können, so ist doch der Schulbegriff des Realismus nur ein äußerlicher Nothbehelf, eine Art letzter Versuch, den bereits abgesträngten Pegasus wieder in die Deichsel des Thespiskarrens einzuzwängen, und ihm den schmalen Weg anzudeuten, der an dem Abgrunde einer mit sich selbst zerfallenen Kunstperiode vorbeiführt. Denn was will Realismus in der Kunstsprache bedeuten? Etwa dasselbe, was Materialismus in der philosophisch=kritischen Weltanschauung heißt? Wenn wir unter materialistischer Richtung in der Philosophie diejenige Methode verstehen, welche, „um die Theile in ihre Hand zu bekommen, zuvor den Geist heraus zu treiben sucht", so ist allerdings die Aehnlichkeit

---

[1]) Vischer, Aesthetik. Th. I.

derselben mit der realistischen Kunstrichtung nicht zu verkennen. Denn auch diese sucht das Leben und die Natur nur stückweise zu ergreifen. Indem es ihr an der Macht zur Einigung, an dem Totalitäts-Bewußtsein fehlt, ist sie bestrebt, sich einzureden, daß sie in dem Bruchstück ja doch einen Theil des Ganzen vor sich habe, und, ein gut verdauter Brocken besser bekomme, als eine ganze unverdauliche Kollation. Aber ein Mal ist zwischen einem bloß zufälligen Bruchstück und einem organischen Theil ein sehr großer Unterschied, und zweitens wollen es die Gesetze der Kunst nicht, daß man an einem Glasscherben die Konstruktion und verlorene Schönheit des ganzen Glases demonstrire. Eine neue Erfindung auf mechanischem oder industriellem Gebiet ist gewiß eine sehr gute und schöne Sache. Indem aber die Künstler des Realismus uns in die Werkstätte des Erfinders führen, und uns die Arbeit des Erfindens in ihrer ganzen realen Breite, mit allen fehlgeschlagenen Versuchen, Schritt für Schritt durchmachen lassen, bleiben sie auf der Stufe der Vorstudien stehen, und betreten gar nicht das Allerheiligste der Kunst. Der Künstler, welcher dergleichen Motive anwendet, muß unzweifelhaft auch mit ihrem technischen Zusammenhange vertraut sein, aber im Kunstwerk interessirt uns nur die Arbeit des Geistes; der Geruch der Werkstätte, des Ateliers muß durch andere Mittel herbeigeführt sein, als durch die rein äußerliche Produktion des glasblasenden Helden. Daher mein Votum: der konsequente Realismus der Künstler muß zur Nicht-Kunst, zur Verblasung des Ideals führen.

Alexander Dumas,*) der Sohn, ist unter den Theaterschriftstel-

---

*) Alexander Dumas, der Sohn des gleichnamigen berühmten Roman-Schriftstellers, den 28. Juli 1824 zu Paris geboren, debütirte im 17. Jahre in der literarischen Welt mit „Jugendsünden", begleitete dann seinen Vater auf einer längeren Reise durch Syrien und Afrika und gab in den Jahren 1846 bis 47 die „Abenteuer von vier Frauen und einem Papagei" heraus. Seine späteren Theaterstücke sind fast sämmtlich zunächst als Romane erschienen, so „la Dame aux Camélias" (1848), „Diane de Lys" (1851). Die erstere, im Jahre 1852 auf dem Vaudeville-Theater aufgeführt, wurde später auf der Bühne des Gymnase wiederholt, welche demnächst in fast ununterbrochener Reihenfolge: „Diane de Lys" (1853), „le Demi-monde" (1855), „La Question d'argent" (1857), „le Fils naturel" (1858), „le Père prodigue" (1859) in hundertfachen Wiederholungen, mit dem fabelhaftesten Erfolge dem Publikum vorführte. An der auch auf deutschen Bühnen gesehenen „supplice d'une femme" hat außer Dumas E. de Girardin mitgearbeitet. Unter den zahlreichen sonstigen Arbeiten Dumas' verdient „l'Affaire Clémenceau", das „Paul et Virginie" des neunzehnten Jahrhunderts hervorgehoben zu werden. —

lern des zweiten Kaiserreichs derjenige, welcher mit der größten dramatischen Energie ausgerüstet, aber von den Fehlern der realistischen Schule am wenigsten frei zu sprechen ist.

Dumas ist gegen die meisten socialen Schäden der Neuzeit auf die Mensur gegangen; und zwar nicht mit bloßer pamphletistischer Sylbenstecherei oder parlamentarischer Schönrednerei, wie wir sie besonders bei Augier finden, sondern mit ernstgemeintem Pathos, aber ohne plebejische Grobheit, mit Feinheit und Kraft, mit Eleganz auf solider materieller Grundlage. Am hellsten leuchtet die Fackel seiner Muse über die gähnende Kluft, welche sich im Herzen der modernen Gesellschaft und gerade in deren Hauptbildungsstätten am Furchtbarsten vor uns aufthut: ich meine die hohe und niedere Prostitution. Das ist kein schwächliches moralisches Achselzucken über ein nothwendiges Uebel, womit Dumas an diesen Brutstätten des Lasters und der sittlichen Fäulniß vorübergeht. Er eifert nicht in der einseitigen, schönthuerischen Manier unserer Kirchengänger und Pensions-Vorsteherinnen gegen die Außenseite einer für unüberwindlich geltenden Festung. Er will die Werke der letzteren nicht geschleift wissen, er will nicht, daß man sie aushungern und die zur Kapitulation Gezwungenen als Rekruten unter die arbeitenden Klassen stecke. Ein solches thörichtes Beginnen wäre nicht nur undramatisch, sondern es wäre unlogisch, vernunftwidrig. Die Prostitution hat ihr Recht in der Gesellschaft; sie hat das Recht der Krankheit; sie ist das offene Geschwür der socialen Freiheit, durch welches ein starker Abfluß schädlicher Substanzen und ein steter Verkehr mit den unterirdischen Mächten stattfindet, welche nur durch einen Kompromiß mit der Gesellschaft von der Realisirung ihrer verderbenbringenden Gelüste abgehalten werden können. Erkennt man ein solches Rechtsverhältniß ein Mal offen an, so verliert die Unheimlichkeit dieses Medusenhauptes einen großen Theil ihrer bezaubernden, versteinernden Kraft. Man findet sogar eine gewisse Poesie in diesen „böhmischen Wäldern" einheimisch; das alte Lied „Ein freies Leben führen wir" ist nicht blos für keulenbewaffnete Räuber mit struppigen Bärten, sondern auch für das zartere, räuberische Geschlecht dieser lorettes, camélias, filles de marbre, demi-mondaines, biches, cocottes, pieuvres mit ihren Liebhabern aus der polytechnischen Schule gedichtet. Dumas ist weit davon entfernt, diesem Stillleben im quartier-latin den Krieg zu erklären; im Gegentheil, er ist ganz damit einverstanden, daß der kleine Gott mit der losen Binde hier, wo er ein so gut vorbereitetes Terrain findet, seine schärfsten Pfeile verschieße. C'est une bien jolie chose d'aimer et l'être aimé; dabei stirbt man nicht; das sind Frühlingswunden, die im Ernst des Mannesalters schnell vernarben. Was dagegen den ganzen Zorn des Dramatikers heraus= fordert, das ist das Faubourg St. Germain der haute bicherie, das sind jene abenteuernden, verführerischen und gewissenlosen Frauen, welche in geschlossener Phalanx gegen die bestehende gesellschaftliche Ordnung Sturm laufen, das Unglück und Laster, welches ihnen auf dem Fuße folgt, in die anständigsten, reinlichsten Gemächer der Sitt= lichkeit tragen, das eheliche Glück vernichten, die Bande des Bluts und der Familie zerreißen, und den socialen Kosmos in ein Chaos zu verwandeln drohen, welches an die Schrecken der römischen Kai= serherrschaft und an die italienischen Zustände des Zeitalters der Borgia's erinnert.

Am klarsten und unzweideutigsten ist dieses Dumas'sche Plai= doyer in der fünfaktigen Komödie: „le demi-monde" ausgeführt. Dieses Stück steht, was den dramatischen Werth anlangt, den meisten Dumas'schen Arbeiten, insbesondere der: „Diane de Lys" entschieden nach; aber es ist als Tendenz-Drama ein Meisterwerk, und die Wir= kung seiner ersten Aufführung (1855) ist eine epochemachende für die ganze Décadence-Literatur gewesen.

Wir beschränken uns darauf, die Intrigue des Stücks mit kurzen Worten anzudeuten, dagegen können wir uns nicht versagen, eine von den schönen beklamatorischen Stellen, an welchen die Dumas'schen Stücke besonders reich sind, auszugsweise mitzutheilen.

Die Heldin des Stückes ist die Baronin d'Ange, eine jener heroisch-phantastischen Frauen=Gestalten, welche sich nicht aus sinn= licher Nothwendigkeit, sondern aus genialer Laune, in der Meinung, daß der gute Ruf einer Frau ihr Schatten sei, der ihr nicht gestohlen werden könne, auf das hohe Meer der abenteuernden Karnevals= Freiheit begeben haben, und, wenn der Karneval vorbei ist, das Be= dürfniß nach ruhigem, ehelichem Glück als eine Art Selbstbefriedigung empfinden. Der Mann, den sich die Baronin als den geeigneten Rettungs=Engel ersehen hat, der das lecke Fahrzeug ihres Lebens= glücks wieder flott machen soll, ist Herr von Nanjac, ein mit krie= gerischen Ehren bedeckter Offizier der Armee, welcher, wie ein echter Soldat, ohne Arg in die Schlingen der Baronin geht, und ein Mal darin gefangen mit Standhaftigkeit aushält, und der Versicherung ihrer Unbescholtenheit trauend, durch die warnende Stimme seines treuen Freundes Olivier, welcher die Anteriora der Baronin genau kennt, von seinem Vorhaben nicht abzubringen ist. Ein Zwischenfall, wie ihn

Dumas als echter Realist nicht verschmähen kann, läßt jedoch den halsstarrigen Soldaten in seinem Entschlusse wankend werden, Olivier benutzt diese Liebes-Pause — denn selbstverständlich ist de Nanjac bis über die Ohren in die Baronin verliebt — um mit einigen unzweifelhaften schriftlichen Beweißstücken hervorzukommen und so hat sich schließlich die Baronin in ihrem eigenen Netz gefangen. Sie wollte sich in die Gesellschaft wieder eindrängen, und findet nun, daß ihr der Eingang dazu für immer von Rechts wegen verschlossen ist. Olivier war es, der noch zur rechten Zeit den falschen Schatten ihres guten Rufes aufrollte, und sie mitten im Sonnenschein der Tugend als eine schattenlose Existenz darstellte.

Eine treffend poetische Entstehungs-Geschichte jener Gesellschaft in der Gesellschaft, nach deren von Dumas geschaffenen nom de guerre das Stück benannt ist, bietet die 9. Scene des II. Actes, in welcher Olivier seinem Freunde de Nanjac diese Geschichten ungefähr, wie folgt, entwickelt:

„Gehe zu einem der größern Pariser Fruchthändler und laß Dir seine besten Pfirschen vorlegen. Er wird Dir einen Korb voll der prächtigsten Früchte zeigen, welche sehr sorgfältig gepackt und durch dazwischen gelegte Blätter von einander getrennt sind, so daß sie sich nicht berühren und durch die Berührung keine Stockflecke bekommen können. Als Preis wird er Dir etwa 20 Sous für das Stück abfordern. Wenn Du Dich nun aber in dem Waarenlager umsiehst, so wirst Du andere Körbe bemerken, in denen sich anscheinend dieselben Früchte befinden, die aber viel enger zusammengepackt sind, sich nicht von allen Seiten besehen lassen und die der Händler Dir auch nicht vorgelegt haben wird. Wenn Du ihn nach dem Preise dieser Früchte fragst, so wird er Dir etwa 15

„Entrez un jour chez un marchand de comestibles, chez Chavet ou chez Potel, et demandez — lui ses meilleures pêches. Il vous montrera une corbeille contenant des fruits magnifiques, posés à quelque distance les uns des autres et séparés par des feuilles, afin qu'ils ne puissent se toucher ni se corrompre par le contact; demandez-lui le prix, il vous répondra: vingt sous la pièce, je suppose; regardez autour de vous, vous verrez bien certainement dans le voisinage de ce panier un autre panier rempli de pêches toutes pareilles en apparence aux premières, seulement plus serrées les unes contre les autres et ne se laissant pas voir sur tous leurs côtés, et que le marchand ne vous aura pas offertes . . . Dites-lui: Combien celles-ci? il vous répondra: Quinze sous. Vous lui de-

Sous für das Stück abverlangen. Du fragst natürlich, warum diese ebenso großen, ebenso schönen, ebenso reifen und ebenso appetitlichen Pfirschen billiger sind als die andern. Darauf wird er auf's Gerathewohl eine davon, so behutsam wie möglich, zwischen zwei Finger nehmen, sie umdrehen und Dir einen ganz kleinen schwarzen Fleck zeigen, welcher die Ursache des billigeren Preises ist. Nun wohl, mein Freund, Du bist hier, in der demimonde, an dem Orte, wo die Pfirschen für 15 Sous zu haben sind. Die Frauen, denen Du hier begegnest, haben alle einen dunkeln Punkt in ihrer Vergangenheit, einen Flecken auf ihrem Namen; sie drängen sich so dicht aneinander, damit man sie nicht von allen Seiten betrachten könne, und trotzdem sie mit den Frauen der guten Gesellschaft Herkunft, Aeußeres und Vorurtheile gemein haben, gehören sie doch nicht zu ihnen; sie sind nicht du monde, sondern du demi-monde, die nicht Aristokratie, nicht Bourgeoisie ist, sondern die wie eine schwimmende Insel sich auf dem Ocean des Pariser Lebens hin- und herbewegt, und welche Alles, was von den beiden genannten Kontinenten abfällt, auswandert, flüchtet, in sich aufnimmt und beherbergt, ohne die zufälligen Schiffbrüchigen zu zählen, die wer weiß woher kommen. —

Diese Welt ist eine Schöpfung der Neuzeit. Früher war der Ehe-

manderez tout naturellement pourquoi ces pêches aussi grosses, aussi belles, aussi mûres, aussi appétissantes, coûtent moins cher que les autres? Alors il en prendra une au hasard, le plus délicatement possible, entre ses deux doigts, il la retournera et vous montrera un tout petit point noir qui sera la cause de son prix inférieur. Eh bien! mon cher, vous êtes ici dans le panier de pêches à quinze sous. Les femmes qui vous entourent ont toute une faute dans leur passé, une tache sur leur nom; elles se pressent les unes contre les autres pour qu'on les voie les moins possible; et avec la même origine, le même extérieur et les mêmes préjugés, que les femmes de la société, elles se trouvent ne plus en être, et composent ce que nous appellons le demi-monde, qui n'est ni l'aristocratie ni la bourgeoisie, mais qui vogue comme une île flottante sur l'océan parisien, et qui appelle, qui recueille, qui admet tout ce qui tombe, tout ce qui emigre, tout ce qui se sauve de l'un de ces deux continents, sans compter les naufragés de rencontre, et qui viennent on ne sait d'où. —

Ce monde est de création moderne. Autrefois l'adultère comme nous le comprenons n'existait pas. Les maris étaient beaucoup plus faciles, et il y avait, pour définir la chose que représente aujourdhui le mot adultère, un autre mot

bruch, wie wir ihn auffassen, gar nicht vorhanden, und um das, was wir heutzutage Ehebruch nennen, zu bezeichnen, gab es ein anderes, viel trivialeres Wort, dessen sich Molière oft bedient hat, und das den Ehemann mehr lächerlich machte, als daß es die Frau verurtheilte. Aber seitdem die Männer mit dem Gesetzbuch in der Hand das Recht haben, ihre pflichtvergessenen Frauen aus dem Schooße der Familie zu entfernen, hat sich eine Aenderung in den ehelichen Sitten zugetragen, welche eine neue Welt entstehen lassen mußte. Denn was sollte aus allen diesen kompromittirten, geschiedenen und verstoßenen Frauen werden? Die erste, die sich in dieser Lage befand, war gezwungen, in dem dunkelsten Zufluchtsort, den sie finden konnte, ihre Schande zu verbergen und ihren Fehltritt zu beweinen; aber die zweite suchte die erste auf, und nun, wenn sie zusammen waren, nannten sie, was ein Fehltritt ist, ein Unglück, was ein Verbrechen, eine verzeihliche Verirrung, und suchten sich gegenseitig zu trösten und zu entschuldigen. Sobald drei zusammen waren, binirten sie miteinander; zu vieren veranstalteten sie ein Ball-Vergnügen. Alsdann schlossen sich an diese Frauen die jungen Mädchen an, welche auf der Bühne des Lebens mit einem Fehltritt debütirten, ferner die nachgemachten Wittwen, die nachgemachten verheiratheten Frauen, die

beaucoup plus trivial, dont Molière s'est servi souvent et qui ridiculisait plus le mari qu'il ne condamnait la femme; mais depuis que les maris armés du code ont eu le droit d'écarter du sein de la famille la femme qui oubliait les engagemens pris, une transformation s'est opérée dans les moeurs conjugales qui a dû créer un monde nouveau; car toutes ces femmes compromises, séparées, répudiées que devenaient-elles?... La première qui s'est trouvée dans ce cas-là a été cacher sa honte et pleurer sa faute dans la retraite la plus sombre qu'elle a pu trouver; mais la seconde s'est mise à la recherche de la première, et quand elles ont été deux, elles ont appelé un malheur ce qui était une faute, une erreur ce qui était un crime, et elles ont commencé à s'excuser et à se consoler l'une l'autre; quand elles ont été trois, elles se sont invitées à dîner; quand elles ont été quatre, elles ont fait une contre-danse. Alors autour de ces femmes sont venues se grouper les jeunes filles qui ont débuté dans la vie par une faute, — les fausses veuves, les fausses femmes mariées, qui portent le nom de l'homme avec qui elles vivent; enfin toutes les fausses positions de femmes, qui veulent faire croire qu'elles ont été quelque chose, et ne veulent pas paraître ce qu'elles sont. A l'heure qu'il est, ce monde

den Namen des Mannes tragen, mit welchem sie zusammenleben, kurz alle diejenigen zweifelhaften weiblichen Existenzen, welche glauben lassen wollen, daß sie etwas gewesen sind, und das nicht scheinen wollen, was sie sind. Heutzutage hat diese unregelmäßige Gesellschaft ihren ganz regelrechten Lebensgang, und übt, trotz ihrer Unächtheit, einen großen Reiz auf die jungen Leute aus. Die Liebe ist hier leichter, als in den höhern Regionen der Gesellschaft, und billiger, als in den niedern."*) irrégulier fonctionne régulièrement, et cette société bâtarde est charmante pour les jeunes gens. L'amour y est plus facile qu'en haut et moins cher qu'en bas."*)

Man sieht, daß Dumas die Frage von der Seite ihrer socialen Bedeutung auffaßt und den Hauptschwerpunkt in die Gesetzmäßigkeit des Ungesetzlichen legt. Er will diese Gesetzmäßigkeit nicht aufheben, aber er will auch die „schwimmende Insel" nicht zu einem festen Kontinent machen; er will nicht, daß deren wilde Bewohnerinnen gleich einer modernen Amazonen-Garde sich unter die regulären Truppen der Civilisation schaaren und durch ihre falschen Freiheitsgelüste die Luft der wahren sittlichen Freiheit verpesten.

Im Uebrigen ist Dumas weit davon entfernt, die historischen Kastenunterschiede der Gesellschaft als unüberwindliche Schranken für die Freiheit der Leidenschaft anzuerkennen. Eine seiner besten dramatischen Arbeiten: „Diane de Lys" ist ein Gegenstück zur „demi-monde" und vertritt ebenso sehr, wie die letztere die Kabalen der haute bicherie geißelt, die unzweifelhaften Rechte des Genies auf Anerkennung in der besten Gesellschaft, auch wenn das Genie das Unglück hat, seiner Geburt nach den niederen socialen Regionen anzugehören.

Paul Aubry, ein talentvoller Maler, der von der Pike auf gedient und sich durch seiner Hände Arbeit eine feste Lebensstellung erworben hat, aber als ein echter Musensohn des modernen Parnasses seine freie Zeit nicht gerade in der gewähltesten Gesellschaft zubringt, macht durch Vermittelung seines Freundes Maximilian, welcher Gesandschafts-Attaché ist und als solcher zur s. g. Welt ge-

---

*) Act. II. sc. IX.

hört, die Bekanntschaft der zu Extravaganzen neigenden Diane de Lys, welche an einen reichen Grafen verheirathet, von ihrem Ehemann mit Gleichgültigkeit behandelt, sich mit der vollen Kraft ihres überschwänglichen, unbefriedigten Herzens dem jungen Künstler in die Arme wirft, der seinerseits, Anfangs nur die Rolle des Freundes übernehmend, alsbald von der Macht einer solchen Leidenschaft besiegt, mit stillem Feuer für das wunderschöne Weib glüht, aber entschlossen ist, der Welt sein Gefühl zu verbergen, und nur in seinem einsamen Atelier die Gedanken seiner Liebe auf der Leinwand zu verewigen.

Schön ist wiederum die Stelle, wo Paul zu seiner Geliebten von der Liebe des Künstlers spricht. Schon einmal hat ihn ein Weib geliebt, aber es ist zu einem Bruch zwischen ihnen gekommen, weil sie ihn zu sehr liebte.

„Ein Künstler, sagt er, bedarf einer andern Liebe, wie andre Menschen. Die Frauen, die uns lieben, verstehen es in der Regel nicht. In gewissen Fällen ist die Liebe keine Leidenschaft, sondern eine vollständige Wissenschaft. Es ist schwer seine Liebe so einzurichten, daß sie der Natur des Geliebten entspricht. Jenes Weib hatte mich nicht verstanden; sie liebte mich, wie sie einen Menschen hätte lieben können, der Nichts weiter zu thun hatte, als sie wieder zu lieben. — Sie begriff nicht, daß es gewisse Momente giebt, wo der Künstler, so sehr er lieben und geliebt sein mag, allein sein muß mit seinen Ideen, welche ebenso eifersüchtige Gebieterinnen sind, als die Geliebten, und die sich unwiderruflich entfernen, wenn man ihnen den Empfang versagt."*)

A un artiste il faut des amours un peu exceptionnels. Les femmes qui nous aiment, ne savent pas nous aimer. L'amour est plus qu'une passion dans certains cas, c'est une science. Aimer selon la nature de la personne qu'on aime, est chose difficile. Cette femme ne m'avait pas compris, elle m'aimait, comme elle eût aimé un homme, qui n'aurait rien eu à faire que d'aimer. — Elle ne comprenait pas qu'il y a des moments, où, si amoureux, si aimé, que soit l'artiste, il a besoin, d'être seul avec sa pensée, maitresse bien autrement jalouse que celles de ce monde, et qui s'en va impitoyablement, quand on ne la reçoit pas tout de suite."*) —

---

*) Act. II. sc. VI.

Ist dies nicht für einen Franzosen fast zu philosophisch von der
Liebe gesprochen, fast zu deutsch gedacht? Dumas Denk- und Dar-
stellungsweise erinnert in der That durch viele derartige allgemeine
Betrachtungen von großer Tragweite an die Tendenzdramen der
neueren deutschen politischen Bühnen-Schriftsteller; aber das große
Geschick, womit er seine Deklamationen immer an die richtigen
Stellen einschiebt, wo gerade ein Haltepunkt in der Handlung ist,
und ein anderer Dichter die Pause vielleicht durch einen Monolog
ausgefüllt hätte, bewahrt die dramatische Flüssigkeit vor jenen gefährlichen Stockungen der Phantasie, welche sonst mit allen größeren de-
klamatorischen Expektorationen verbunden zu sein pflegen.

Schön ist auch die Stelle, wo Diane de Lys vor den bösen
Zungen der guten Gesellschaft, welche ihr ihr heimliches Glück nicht
verzeihen kann, die Rechte ihres Geliebten vertheidigt, indem sie
entschlossen ist, denselben in die Kreise einzuführen, wo sonst nur
Name und Rang die Courfähigkeit begründen.

„Ein Künstler," sagt sie, „der
seinen Namen zur Schau tragen
darf wie ihr und ich, der sich mittelst seines Talents das erwirbt,
was unsre Männer und Brüder
mittelst einer Gesandtschaft oder
einer Heirath erwerben ... Ich
halte mich für eine ebenso große
Dame, wie irgend eine; und doch
table ich die nicht, von der ihr
sagt, daß sie diesen jungen Mann
liebt, aber ich verstehe sie. Wenn
die Liebe sich zur Intelligenz erhebt, so erscheint sie noch ein Mal
so groß."*)

Un artiste qui a son nom en
étalage comme vous et moi, qui
se fait avec son talent ce que nos
maris et nos frères se font avec
une ambassade ou un mariage...
Je me crois aussi grande dame
que qui que ce soit, et non seulement je ne blâme pas celle dont
vous parlez d'aimer ce jeune homme,
mais je la comprends. Quand
l'amour s'élève jusqu'à l'intelli-
gence, il est une fois plus grand.*)

Eine etwas sonderbare Rolle spielt in diesem Stück der Graf,
der Ehemann dieses heroischen Weibes. Er erscheint mitten in der
Nacht, von einem Jagdvergnügen zurückkehrend, in dem Budoir
seiner Frau, und verlangt, sie solle sich sofort reisefertig machen, um
ihn, da er von der Regierung mit einer wichtigen Mission nach
Deutschland betraut sei und sich dort längere Zeit aufhalten müsse,
auf dieser Reise zu begleiten. Diane weigert sich und verlangt

---

*) Act III. sc. V.

wenigstens acht Tage Zeit, um ihre Angelegenheiten in Ordnung zu bringen. Der Graf will davon nichts wissen und trifft Anstalten, „alle Mittel, welche die Gesetze ihm erlauben, anzuwenden, um seine Frau zu der (natürlich blos vorgespiegelten) Reise zu zwingen." Aber der Geliebte ist in der Nähe; er macht unten auf der Straße eine nächtliche Fenster=Promenade, und der Graf ist einsichtig genug, den äußersten Skandal zu vermeiden und in die sofortige Scheidung zu willigen. Ende des dritten Aktes.

Nunmehr wird eine etwas mysteriöse Reise angetreten, zu dem in Italien lebenden Vater der Gräfin; „denn," sagt der Graf, „von ihm habe ich Dich empfangen, ihm muß ich Dich zurückgeben; dann kannst Du thun, was Du willst."

Auf der Reise geht aber eine merkwürdige, wenn schon nicht ganz unerklärliche Sinnesänderung im Gemüth des Grafen vor. Er kommt sich sehr lächerlich in seiner Rolle als hintergangner Ehemann vor, er versucht eine Einigung mit der Gräfin, diese aber weist ihn zurück, und man trennt sich mit einem Handschlag und mit dem Versprechen, sich nie mehr wiedersehen zu wollen.

Hier wäre nun streng genommen das Stück zu Ende; eigentlich hätte es schon mit dem dritten Akte schließen können; denn die italienische Reise bringt uns in der Entwickelung der Handlung um keinen Schritt weiter. Die Liebe hat den Sieg über die Ehe davongetragen; der Ehemann hat ohne Weiteres, ohne jegliche Vorwürfe, ohne Duell, ohne öffentlichen Skandal, wie ein echter Ehemann abgedankt. Es steht also Nichts im Wege, was die Liebenden noch ferner von einander hielte; sie können in den von ihnen ersehnten Himmel eintreten, vor dem der Dichter dann natürlich den Vorhang fallen läßt, da sich ein jeder, der das Stück mitangesehen hat, den Himmel selber am Besten ausmalen kann. Ein solcher Schluß, obwohl psychologisch nicht unwahr, würde indessen ein starker dramatischer Schnitzer sein. Es hieße der Schlange den Kopf abschlagen und sich an den Zuckungen des Rumpfes ergötzen. Das Mittel jedoch, welches Dumas wählt, um diesen Schnitzer nicht zu machen, müssen wir als ein höchst unglückliches bezeichnen. Möglich, daß es dem französischen Geschmack besser zusagt, weil dieser eine ganz besondere Vorliebe für alle formalen Consequenzen besitzt; und im höchsten Grade formal ist es, wenn der Graf bei der Begegnung mit dem Geliebten seiner Frau, welcher ihnen bis Lyon nachgereist ist und von Diane mit voller Liebe empfangen wird, erklärt: „Ich gebe Ihnen mein Ehrenwort, daß, wenn ich Sie jemals bei meiner

Frau unter benselben Umständen, wie jetzt, betreffe, ich von meinem gesetzlichen Rechte, Sie zu tödten, Gebrauch machen werde."

Diese bei vollem Verstande ausgesprochene Drohung, welche übrigens der kurz zuvor abgegebenen Erklärung des Grafen, daß er seine Frau nicht mehr als solche betrachte, geradezu widerspricht, giebt dem Verfasser Gelegenheit, die Handlung des Stückes noch durch zwei ganze Akte hinzuschleppen. Denn nun muß sich die Gräfin ein halbes Jahr bei ihrem sterbenden Vater in Florenz aufhalten, um dann als trauernde Halbwittwe nach Paris zurückzukehren, wo Paul Aubry indessen über dem finstern Projekt brütet, sich mit einem ihn heftig liebenden jungen Mädchen zu verheirathen, weil er sich von Diane verrathen glaubt, die ihn seit ihrem italienischen Aufenthalte ohne alle Nachricht gelassen hat. Noch zu rechter Zeit scheucht indessen die Ankunft der Geliebten alle Zweifel von seiner Seele, aber der Schluß des Ganzen scheucht auch alle Sympathie für den Verfasser von der Seele des Zuschauers. Nachdem die Liebenden auf dem Zimmer des Malers zu wiederholten Malen die uíancemäßigen Liebes-Versicherungen ausgetauscht haben, nimmt der junge Künstler ein Paar Degen unter den Arm und eilt damit nach der Thür, an welcher sich ein verdächtiges Geräusch hat hören lassen. Ein letzter Kuß, die Thür öffnet sich, der Graf erscheint in der Oeffnung, ein Pistolenschuß fällt und der Held des Dramas stürzt mit dem Ruf: „Oh! meine Mutter" zum Tode getroffen zu Boden. Mit der größten Ruhe erklärt nun der Graf, während Diane ohnmächtig zusammensinkt, zu zwei Zeugen des Vorfalls: „Ja, meine Herren, dieser Mann war der Geliebte meiner Frau; ich habe mir Gerechtigkeit verschafft; ich habe ihn getödtet." Heißt das nicht den Verstand des Zuschauers zu Tode hetzen und seiner Phantasie die Flügel abschneiden? Ist der Dramendichter dazu da, die §§. des Ehegesetzbuches dem Publikum zu commentiren und uns Vorlesungen in der höhern Halsabschneidekunst zu ertheilen? Weiter Nichts als Halsabschneiderei! Nicht als rächender, beleidigter Ehegatte erscheint der Graf; er liebt seine Frau gar nicht, er hat sie immer für ein Kind gehalten, und als er inne wird, daß sie ein Weib ist, willigt er in die Scheidung, weil sie einen andern liebt. Nur um seine ehemännlichen Rechte wahrzunehmen, wie ein eingefleischter Philister, der auf der Erfüllung eines Kontrakts besteht, übernimmt der Graf die Rolle des Henkers und schießt einen wehrlosen Menschen über den Haufen. Mag in der französischen Ehegesetzgebung ein so grausames Gesetz existiren, welches dem

Ehemann ohne Urtheil und Recht die Befugniß, als Richter und Exekutor in eigener Sache aufzutreten, verleiht, auf einem solchen veralteten Ritter=Privilegium läßt sich nicht der Schluß eines Dramas begründen, der vielmehr auf innerer Nöthigung, auf dem Zwangsrecht der Leidenschaft beruhen muß. Um dem Schlusse die Schroffheit des Formalismus zu benehmen, hätte der Dichter noch in einer allerletzten Scene die Gräfin den Entschluß des Selbstmords sollen ankündigen oder ausführen lassen, mit gleichzeitiger Rachedrohung gegen den Mörder ihres Geliebten.

Mit Ausnahme dieses fehlerhaften Schlusses ist „Diane de Lys" jedoch von großer dramatischer Spannung; namentlich ist lobend hervorzuheben, daß der Fortgang der Handlung an keinem Punkte sich in dem Irrgarten der Intrigue verläuft, sondern durchweg auf pathologischen und psychologischen Consequenzen beruht, was man z. B. von der demi-monde nicht sagen kann, wo das Sujet allerdings ein Intriguiren der beiden Hauptpersonen erfordert, und der Wendepunkt der Handlung, um die Zuschauer darüber nicht in Zweifel zu lassen, mit den stereotypen Worten: „la guerre est déclarée" angekündigt wird. Daß es übrigens dem Autor mit dem Tode seines Helden kein rechter Ernst ist, geht auch daraus hervor, daß er das Stück eine comédie nennt, welche Benennung bei einem wirklich tragischen Ausgang einen Widerspruch enthalten würde. Tragischen Charakter hätte das Stück nur durch den Tod der Heldin erhalten können; denn sie trägt die Hauptschuld, ja sie ist eigentlich der allein schuldige Theil, wenn man bedenkt, daß sie die Initiative zur Bekanntschaft mit dem Künstler ergreift, daß sie ihm die Rolle ihres Geliebten fast aufnöthigt und somit auch die Folgen für eine solche Quasi=Zwangs=Leidenschaft übernimmt.

Wahrhaft schön und wirklich rührend ist dagegen der tragische Ausgang eines andern Dumas'schen Dramas, dessen Komposition und ganze Ausführung uns zugleich den Beweis liefert, wie tiefe Blicke dieser Schriftsteller in das weibliche Herz gethan und wie sehr er, neben der trockenen prosaischen realistischen Tonart, auch die sanfteren volleren Akkorde der menschlichen Gefühlssaiten anzuschlagen versteht. „La dame aux camélias" ist eine Art Pendant zur Diane de Lys. In beiden Stücken ist die Heldenhaftigkeit des liebenden Weibes verherrlicht; in beiden Stücken ist es ein Weib, welches die Schranken der Sitte, oder sagen wir lieber: des sittlichen Vorurtheils zu durchbrechen bemüht ist. Aber Diane de Lys ist eine Aristokratin, die ihren Geliebten zu sich zu erheben sucht, und bei diesem Versuch seinen Tod herbeiführt; die „Dame mit den Camelien" ist eine Tochter der Freude, die sich zu ihrem Geliebten erheben will und bei diesem kühnen salto mortale den Hals bricht.

Die letztere ist unzweifelhaft die größere Heldin; sie stirbt als Siegerin auf dem Schlachtfeld. Sie hat nicht nur das Vorurtheil der Welt, sie hat sich selbst überwunden. Ich kenne in dem ganzen Schatz der modernen Literatur keinen weiblichen Charakter, welcher mit einer solchen Präcision, mit einer solchen Folgerichtigkeit, mit einer so poetischen Verve und doch gleichzeitig in einer so realistischen Färbung durchgeführt wäre, wie Marguérite Gauthier, die Dame mit den Camelien. Trotz der Idealität dieses Charakters gelingt es dem Verfasser dennoch, uns zu der moralischen Ueberzeugung zu zwingen, daß wir auf dem Boden der Realität stehen, daß ein Weib, welches so handelt, wie Marguérite Gauthier, möglich, wirklich, nothwendig da sein muß. Es ist der schwierigste Kampf der Liebe, gekämpft von der untersten Stufe der menschlichen Gesellschaft gegen die höchste, von einem Weibe, welches die Jugend weggeworfen hat, und wehr- und schutzlos einer Welt von Vorurtheilen gegenübersteht. Wodurch verdient dieses Weib unser Mitleid, wodurch erwirbt sie sich das Recht, unter die Ehrlichen wieder aufgenommen zu werden, denen sie für immer Lebewohl gesagt zu haben schien. Ist hier Verzeihung überhaupt möglich, kann der Gesellschaft die Zumuthung gemacht werden, einen Akt der Gnade gegen diejenige auszuüben, deren Berührung befleckt, deren Vergangenheit ein öffentlicher Skandal ist? Es ist dies eine Frage, die sich in dieser allgemeinen Weise schwerlich wird zur Genüge beantworten lassen; ein großes Verdienst des Verfassers der „dame aux camélias" ist es daher, die Frage so eingeengt zu haben, daß bis auf den einen schwarzen Punkt die Beantwortung mit Ja! ausfallen muß. Marguérite Gauthier ist zunächst nicht durch eigne Schuld, sondern nur durch die unglücklichsten Familien-Verhältnisse zu einem Leben veranlaßt worden, das sie in seiner ganzen Breite, mit großer, geistiger Freiheit, erfaßt. Sie ist kein gemeines Weib; sie nimmt unter Ihresgleichen den erhabensten Standpunkt ein, der in diesen niedern Regionen überhaupt möglich ist. Sie verschwendet in einer Woche Tausende von Thalern, dafür aber sind ihre Soirées die schönsten spirituellsten Vergnügungen, in denen sich die crème der Pariser demi-monde und die Aristokratie der roués Rendez-vous giebt. Die Mittel zu diesem üppigen Leben werden ihr nicht von einem Liebhaber vorgestreckt; sie hat überhaupt keinen bestimmten Liebhaber;

sondern nur einen hochherzigen Freund, der in ihr das bessere Theil ihres Selbst erkennt und sie „fast väterlich" liebt. Ich gestehe, daß dieser Zug mit dem „duc", welcher Alles bezahlt und dabei selber nie zum Vorschein kommt, ohne Schaden oder vielleicht mit Vortheil hätte fortbleiben können; dagegen ist die Furcht vor einer wirklichen ernsthaften Liebe, welche Marguérite bei ihrer ersten Begegnung mit Armand Duval in der schärfsten, echt realistischen Präcision zu erkennen giebt, ein rührend schöner Charakterzug. Wie sie ihn warnt, den gewiß schon heimlich Geliebten; wie sie ihm als Freundin räth, diese verpestete Luft zu verlassen, in welcher nur Abenteurer und Leute, die mit der Gesellschaft gebrochen haben, sich wohl fühlen können, das ist sicherlich bei einer Dame dieser Welt keine Coquetterie, sondern ein offenes Geständniß, ein Charakterzug.

Und als nun die Liebe des jungen Duval alle ihre Widerstandskraft gewaltsam überwindet, als sie es sich nicht mehr verhehlen kann, daß sie ihn wieder liebt, daß sie zum ersten Male eine wahre reine Liebe empfindet, wie verändert sich nunmehr ihre Gestalt unter dem Zauberstabe eines solchen nie geahnten Glückes. Durch diese ersten Stadien der „Rettung einer schönen Seele" geht nun als ein leiser Zug des Verhängnisses und zugleich als ein neuer Grund des Mitleids die beginnende Krankheit Margarethens, eine Folge ihres ausschweifenden Lebenswandels. Sie weiß, daß sie nicht mehr lange zu leben hat; ihre Ansprüche auf ihren Geliebten sind daher frei von jedem Egoismus. Es genügt ihr, daß sie ihn lieben darf, so lange sie lebt; nicht im Entferntesten denkt sie an eine feste Verbindung mit ihm. Im Gegentheil; sie weiß, daß sie keine „femme à marier" ist, sie überträgt im Stillen schon jetzt ihre Rechte auf jenes junge Mädchen, die ihm einst von Rechtswegen gehören wird.

Und nun trifft mitten in dieses Paradieseseleben die Ankunft des alten Duval. Der Dichter führt mit feinem Verständniß dessen, was man die Technik des Dramas nennt, beide Personen, den Vater und die Geliebte des Sohnes, zusammen, ehe er einen Zusammenstoß des Vaters und Sohnes veranlaßt. Auf diese Weise wird die Entschließung Margarethens eine lediglich innere Thatsache, die in unsern Augen einen um so höhern Werth erhält, als sie durch keinerlei physischen oder psychischen Zwang hervorgebracht wird. Der alte Duval, der nach kurzem Wortwechsel mit der Geliebten seines Sohnes die ganze Entsagungs-Kraft und den Edelsinn dieser echt weiblichen Natur erkannt hat, setzt ihr mit der ruhigsten Besonnenheit des erfahrenen Mannes die Folgen auseinander, die die Fortführung ihres Liebes-Verhältnisses mit Armand nach sich ziehen muß. Er bittet nicht, er dringt nicht in sie, wenigstens nicht weiter, als seine väterliche Pflicht es erheischt; aber er zeigt ihr das Bild ihrer eigenen Seele und schließt dann mit den Worten: „Sie können diesem Bilde nicht untreu werden, Sie müssen sich von meinem Sohne trennen." In dieser Scene beweist Margarethe ihren ganzen Heldenmuth, und das folgende Gespräch, in welchem sie halb zu sich selbst, halb zu Duval gewendet ihre geheimsten Gedanken enthüllt, erhebt sie in unsern Augen auf eine tragische Höhe, auf welcher die gewöhnlichen socialen Unterschiede schwinden und wo selbst der letzte Schatten ihrer schuldbaren Vergangenheit von der Sonne ihrer gegenwärtigen Seelengröße verdunkelt wird.

„Was also auch das gefallene Geschöpf thun mag, es wird sich niemals wieder erheben! Gott wird ihm vielleicht verzeihen, die Welt aber wird unbeugsam sein! — Wohlan, mein Herr, sagen Sie eines Tages jener schönen und keuschen Jungfrau — denn ihr will ich mein Glück opfern — sagen Sie ihr, daß es einst eine Frau gab, die nur eine Hoffnung, nur einen Gedanken, nur ein Glück auf dieser Welt hatte, und daß bei der Anrufung ihres Namens diese Frau auf alle jene Güter verzichtete, mit gebrochenem Herzen und mit sterbender Seele. Denn, mein Herr, ich werde dies nicht überleben, und vielleicht wird mir Gott dann meine Sünden vergeben."*)

Ainsi, quoi q'elle fasse, la créature tombée ne se relevera jamais! Dieu lui pardonnera peut-être, mais le monde sera inflexible!... Eh bien, monsieur, vous direz un jour à cette belle et pure jeune fille, car c'est à elle que je veux sacrifier mon bonheur, vous lui direz qu'il y avait quelque part une femme qui n'avait plus qu'une espérance, qu'une pensée, qu'un bonheur dans ce monde, et qu'à l'invocation de son nom, cette femme a renoncé à tout cela, a broyé son coeur entre ses mains et en est morte; car j'en mourrai, monsieur, et peut-être alors, Dieu me pardonnera-t-il.*)

Erinnern diese Worte nicht an die schöne Goethe'sche Ballade: „Der Gott und die Bajadere", wo es am Schlusse heißt:

„Unsterbliche heben verlorene Kinder
Mit feurigen Armen zum Himmel empor!"

---

*) Act. III. sc. IV.

Dem Entschlusse folgt die That auf dem Fuße. Margarethe trennt sich von ihrem Geliebten durch einen Brief, der ihn tödtlich verwunden und eine Wiedervereinigung zwischen ihnen unmöglich machen muß. Sie kehrt nach Paris zurück, wo sie ihr früheres Leben in erhöhtem Maßstabe wiederaufnimmt, aber sie trägt bereits den Tod im Herzen; der letzte Schlag war zu stark, sie wird sich nie wieder erheben. Und als nun vollends bei einer endlichen Begegnung mit ihrem Geliebten dieser mit grausamer Hand die Todeswunde erweitert, und das brennende Gift des Hohns und der Verachtung hineinträufelt, da bricht das stolze Weib überwältigt zusammen und sinkt mit dem Bewußtsein, daß das Leben ihr keine Hoffnung mehr gewähren könne, auf ihr Sterbelager. Aber sie stirbt nicht ungetröstet. Sie sieht noch ein Mal ihren reuig zurückkehrenden Geliebten an ihrem Lager; der alte Duval, durch so viel Opferfreudigkeit gerührt, ertheilt seine Einwilligung zur Heirath; ja, die todtkranke Frau fängt noch ein Mal an zu hoffen, und so stirbt sie an einem Anfall der höchsten Freude, daß der sehnlichste Wunsch ihres Herzens, „noch ein Mal wieder ehrlich werden zu können", sich endlich doch erfüllt habe.

Habe ich nun Unrecht, wenn ich die „dame aux camélias" eine der schönsten Tragödien der neueren Literatur nenne? Ich finde in der That in dem ganzen Stück keinen einzigen dramatischen Fehler; ich nenne es korrekt, in jenem Sinne, in welchem Schiller die Fehlerfreiheit als den höchsten Ruhm eines Kunstwerks bezeichnet. Selbst der letzte auf den ersten Blick zweifelhaft erscheinende Zug, daß Margarethe wieder zu dem alten Leben zurückkehrt, statt die Einsamkeit und einen ehrlichen Erwerbszweig aufzusuchen, was psychologisch vielleicht richtiger wäre, selbst dieser Fehler des Charakters der Heldin ist eine dramatische Nothwendigkeit, um den von blinder Liebesleidenschaft besessenen Armand an die Aufrichtigkeit der Trennung seiner Geliebten glauben zu machen. Der Konflikt, welchen Dumas in dieser Tragödie andeutet, bleibt freilich ungelöst; die öffentliche Moral verbietet uns, für die Heldin Partei zu nehmen, die ästhetische Gerechtigkeit erheischt das Gegentheil. Aber ist es die Aufgabe des dramatischen Schriftstellers, sociale Konflikte zur Auflösung zu bringen? Es genügt, daß er uns neue überraschende Blicke in die innere Welt dieses aus Laster und Tugend gemischten Hellbunkels thun läßt; es genügt, daß er uns die Gestalten, die dort vegetiren, unter frappanter Beleuchtung, im Schimmer einer neu aufgehenden Le=

bens-Anschauung zeigt, so daß wir sagen können: „introite, nam et hic dei sunt."

Einen ähnlichen Vorwurf, wie die „Dame mit den Camelien", und zwar ähnlich nach der Seite der Tendenz, enthält: „le fils naturel", eine fünfaktige comédie, welche es sich zur Aufgabe macht, das in gewissen Kreisen noch sehr gepflegte Vorurtheil gegen die uneheliche Geburt mit allen Mitteln der Vernunft und Erfahrung zu bekämpfen. Es würde zu weit führen, wollten wir uns auf den näheren Inhalt dieses Stückes einlassen; es mag die Bemerkung genügen, daß der Kampf mit eben so großer Geschicklichkeit und dramatischer Energie, wie in der eben besprochenen Tragödie, bis zu Ende durchgeführt wird, indem der von seinem eigenen Vater zurückgewiesene „natürliche Sohn" durch selbstständige Kraft und durch die Theilnahme fremder Menschen zu einer geachteten Stellung in der Gesellschaft gelangt.

Wir bewundern und schätzen in Dumas die Unparteilichkeit des Charakters, die Ruhe und Gleichmüthigkeit seiner Darstellung, die Kraft und Treffähigkeit seines Talentes. Er ist einer von den wenigen der neueren Schule, welcher nicht in national=französischen Anschauungen befangen ist, sondern der sich auf den höheren Standpunkt des menschlichen Bewußtseins erhebt, und von dem Leuchtthurm des Schriftstellers aus uns ein treues Bild des wogenden Oceans, genannt Pariser Leben, zu geben vermag.

Dumas' Talent ist entschieden, tonangebend, bahnbrechend; aber es fehlt ihm die höhere künstlerische Weihe, die Vielseitigkeit und Mannichfaltigkeit der Romantiker. Dumas ist wie geschaffen zum Stimmführer einer Partei; aber er besitzt nicht die Universalität der Begabung, die ein ganzes Zeitalter von seinem Poeten verlangt. In dieser Beziehung erscheint er neben Emile Augier*) nur als ein Stern zweiter Größe. Augier ist durch eine mehr als absolute Ma-

---

*) Wilhelm Viktor Emil Augier, den 17. September 1820 zu Valence (Drôme) geboren, von seiner Familie ursprünglich für den Advokatenstand bestimmt, betrat mit dem 24. Lebensjahre die glänzendere Carrière des Dramendichters, wozu er schon auf der Schule eine entschiedene Neigung verspürt hatte. Sein erstes Stück: „la Ciguë" wurde vom théâtre français zurückgewiesen, vom Odéon mit entschiedenem Erfolge zur Aufführung gebracht. Mit seinem zweiten Stücke: „Un homme de bien" hielt Augier seinen Einzug in die heiligen Räume des théâtre français, die seitdem sein ständiger

jorität der Pariser tonangebenden Kritiker für den ersten dramatischen Dichter des zweiten Kaiserreichs erklärt. Er theilt sämmtliche Fehler seiner Kollegen aus der realistischen Schule; es mangelt seinen dramatischen Produkten, mit wenigen Ausnahmen an einheitlicher Handlung, psychologischer Motivirung, Schärfe der Charakteristik. Aber er versteht es, diese Mängel mit großem Geschick hinter einer höchst eleganten Außenseite zu verbergen, und durch die Schönheit seiner Diktion, die Klangfülle seiner Verse, den chevaleresquen Ton seines Humors die im Allgemeinen viel zu einförmige Stimmung, welche der Grundfehler des Realismus ist, zu vermannichfaltigen und selbst dem äußersten Prosaismus des Pariser Lebens durch die Illumination eines poetischen Hintergrundes ein phantastisches Interesse zu verleihen. In dieser Hinsicht grenzt sein Talent an das seines Hintermannes in der Akademie O. Feuillet, während er zugleich die andern Realistiker wie Barrière und Sardou durch eine größere Feinheit seiner Beobachtungsgabe in Schatten stellt. Nichtsdestoweniger steht der Präsidentenstuhl Augier's in der theatralischen Welt nicht auf allzufesten Füßen.

Er hat sich durch sein letztes epochemachendes, schon mehrfach angeführtes Tendenz-Drama: „le fils de Giboyer", welches zuerst unter dem Titel: „lés effrontés" im Januar 1861 erschienen war, in der öffentlichen Meinung und in den Kreisen der Kunstkritik sehr geschadet. Die Letztere hebt mit Recht hervor, daß das Drama das nicht halte, was es verspreche; es komme in dem ganzen Stück nur ein einziger „effronté", der Marquis de Vernouillet, vor, und auch dieser Charakter sei in einem Hauptzuge verzeichnet, weil er mit einer für den Zuschauer fast verletzenden Nachdrücklichkeit seine Anspielungen, daß er der natürliche Vater der Adoptivtochter des Mr. Maréchal sei, immer und immer wieder vorbringe. Auch der jetzt zum Helden des Stücks erhobene fils de Giboyer ist ein für sein Alter viel zu naiv und jugendlich-schwankend gehaltener Charakter: eine im Solde der klerikalen Partei von seinem Vater abgefaßte parlamentarische Rede, welche Maréchal in der Kammer halten soll, um sich damit die Sporen der Kreuzritterschaft zu verdienen, ein

---

Aufenthalt geworden sind. Seine übrigen größtentheils in Versen verfaßten dramatischen Arbeiten sind bekannt genug. Augier ist seit 28. Januar 1858 Mitglied der Akademie, wo er die Stelle Salvandy's einnimmt; seit 19. Juni 1858 Offizier der Ehrenlegion.

solches mit royalistischem Puder bestreutes Parabestück von Rede ist im Stande den republikanischen Kopf des Sohnes Giboyer sofort nach der äußersten Rechten zu verdrehen, während die Lektüre eines imaginären Buches, dessen ungenannter Verfasser Giboyer der Vater ist, in einer einzigen Nacht aus dem kaum warm gewordenen Royalisten wieder einen enragirten Fortschrittsmann hervorzaubert. Ein solcher schillertaffetner Charakter dürfte selbst unserm Renegaten-Zeitalter kaum das nothbürftige Interesse einer wunderbaren Versatilität des Geistes ablocken.

Giboyer selbst gehört ebenfalls in die Kategorie der Chamäleon-Charaktere. Ein begabter politischer Schriftsteller erscheint er in Folge vorheriger Aufforderung vor dem Stimmführer der klerikalen Partei in Paris und übernimmt, obgleich der eigenen Gesinnung nach der freiesten Richtung angehörend, aus sonst unerklärlichen Motiven die mit einem ziemlich bedeutenden Einkommen verbundene Stellung eines Partei-Skribenten seiner politischen Gegner. Eine solche elende Zwitter-Situation mag im praktischen Leben durch äußere Noth und Familien-Misère vor dem eigenen Gewissen sich allenfalls rechtfertigen lassen; das Urtheil der Welt wird sie unter allen Umständen verdammen. Wenn es aber Augier's Absicht war, eine treffende Charakteristik des feilen Zeitungs-Striblerthums zu liefern, einen des Erfolges sicheren Angriff gegen das Centrum der gesinnungslosen klerikalen Presse zu richten, so durfte er den Charakter, den er in diesen Mittelpunkt stellte, nicht auf der andern Seite als einen sehr edlen Menschen, ausgezeichneten Vater und als einen, trotz seiner scheinbaren Gesinnungslosigkeit, dennoch in seinem innersten Gewissen Farbe bekennenden Demokraten darstellen. Einem solchen Charakter fehlt wenigstens die gehörige dramatische Consistenz.

Diese schwankende Haltung des Augier'schen Talents bei Lösung eigentlicher realistischer Aufgaben ist sehr gut daher zu erklären, daß in diesem Dichter-Schriftsteller sich eine eigenthümliche Reaktion gegen die dramatische Klopffechterei der Parteigänger des Realismus geltend macht. Augier scheint es zu bereuen, seine Kräfte einer Richtung gewidmet zu haben, die seiner ursprünglichen instinktiven Natur widerstrebt. Seine literarische Carrière, welche man heutzutage als abgeschlossen betrachten kann, zerfällt dadurch in zwei Haupt-Perioden, von denen man die erste die sentimental-bürgerliche, die zweite die realistisch-romantische nennen könnte. Als Wendepunkt ist das Jahr 1855 zu bezeichnen. Mit diesem Jahre, wo er „le Mariage d'Olympe" zur Aufführung brachte, ging Augier in das Lager der realistischen Schule über. Bis dahin wies man ihm seinen Platz neben Ponsard an, dem anerkannten Begründer der Schule, welche man nicht ohne Ironie nach dem gesunden Menschen-Verstand (bon sens) zubenannt hat. Die Tendenz dieser Schule, die Glorifikation des ehelichen Lebens und der Familie, ist in der fünfaktigen Augier'schen Comödie „Gabrielle", welche im Jahre 1849 zum ersten Mal die Bretter passirte und für Augier epochemachend war, als Schema der dramatischen Entwicklung benutzt. Der Schluß=Vers:

„O père de famille, o poëte, je t'aime"

mag damals die ernstliche Meinung des Verfassers enthalten haben, hat ihn indessen vor literarischem Renegatenthum nicht schützen können; die ursprüngliche Intention seines Talents hat der Strömung der Zeit nachgegeben, uud wir erklären daraus mancherlei Unebenheiten seines Styls und seiner Charakteristik, die man der spirituellen Schreibweise eines Dumas nicht vorwerfen kann.

Es finden sich namentlich in vielen Augier'schen Komödien Reminiscenzen an die altklassische Komödie, die ihm Seitens der „revue des deux mondes" den Namen des Molière der décadence eingetragen, einige Heißsporne sogar zur Parallelisirung mit Aristophanes veranlaßt haben. Nach unserm Dafürhalten beschränkt sich jedoch dieses Verdienst mehr auf äußerliche Aehnlichkeiten, die zuweilen die Natur von Plagiaten nicht ganz verleugnen können.

So ist z. B. die Scene im „fils de Giboyer", in welcher die üppige und geistvolle Baronin Pfeffers den einfältigen Herrn von Outreville, dessen Charakter mit den Bedingungen übereinstimmt, unter denen sie sich zu einer Wiederverheirathung verstehen will, durch Ostentation mit ihren Reizen sich zum Ehemanne erobert, der dritten Scene des dritten Aktes im Molière'schen „Tartuffe" in der unverkennbarsten Weise nachgebildet, ohne daß dazu eine innere dramatische Nothwendigkeit vorlag. Ferner ist die bereits berührte Scene aus dem „gendre de monsieur Poirier", dem umgekehrten „George Dandin", wo der Geizhals dem Koch seines verschwenderischen Schwiegersohnes eine Speisekarte nach den Prinzipien der strengsten Sparsamkeit in die Feder diktirt, eine freilich sehr gelungene und fast originell zu nennende Nachahmung der fünften Scene des dritten Aktes aus dem „Geizigen" von Molière.

Augier ist überhaupt nicht reich an Erfindung; er besitzt ein größeres Talent, die Stoffe anderer Verfasser mit Geschick umzuformen und für seine dramatischen Zwecke zu benutzen. Er hat darin eine gewisse Aehnlichkeit mit unserer Birch-Pfeiffer; er arbeitet sehr schnell und läßt sich auch gern bei der Arbeit helfen, indem er die Ausführung zeitraubender Details seinen zahlreichen Associés überträgt, wofür dann diesen hin und wieder die Ehre zu Theil wird, auf dem Titelblatte einer aus der Augier'schen Fabrik hervorgegangenen nouveauté neben dem berühmtesten Namen der neueren dramatischen Literatur mitgenannt zu werden. Von dieser Art mag uns die fünfaktige Komödie „un beau mariage" eine Anschauung geben. Augier hat sie in Verbindung mit Foussier verfaßt; er erklärt selber in der Vorrede zu den „lionnes pauvres", sie beide Verfasser könnten mit Beziehung auf das Stück, wie zwei Eheleute, zu einander sagen: „ton fils". Aber, fragt man, wer ist denn der Vater, wer die Mutter? wem gehören die männlichen Tugenden, wem fallen die weiblichen Fehler zur Last? Die Fabel des Stücks ist aus dem Roman von Amédée Achard: „Maurice de Treuil" entlehnt und zwar mit ziemlich geringer Originalität in der Umarbeitung. Es ist die bekannte Geschichte eines armen talentvollen jungen Mannes, welcher die von ihm zärtlich geliebte Tochter einer reichen, noch lebenslustigen Wittwe heirathet, und zwar, wie ein nobler Charakter vom reinsten Wasser, ohne jede baare Aussteuer. Die beiden jungen Eheleute müssen in Folge dessen aus der mütterlichen Hand das Gnadenbrot empfangen, welches, da auch seine eigne Frau sich zu einer Haustyrannin aufwirft, dem jungen Mann endlich doch so hart wird, daß er in den früheren Stand seiner Armuth zurückkehrt, wo es ihm denn durch eine außerordentliche Erfindung: „la liquéfaction du gaz carbonique" gelingt, sich eine selbstständige Existenz zu gründen und das Herz seiner Frau zurückzuerobern.

Es wurde oben die Universalität der Begabung Augier's hervorgehoben. In der That ist er nicht nur Dichter und Schriftsteller; er ist auch Philosoph, und besitzt Geist und Unerschrockenheit genug, die falsche Philosophie der décadence einer oft vernichtenden Satyre zu unterwerfen. In dieser Beziehung ist das versificirte Lustspiel: „la jeunesse", welches zu Anfang des Jahres 1858 zum ersten Mal in Scene ging, besonders bemerkenswerth. Es ist darin eine Art Glaubens-Bekenntniß des Realismus ausgesprochen, das sich in folgende Sätze zusammenfassen läßt:

Das Leben von heute hat aufgehört ein Traum zu sein. Es ist durch und durch ernste Wirklichkeit, aber ohne Größe; es erfordert die

höchste Thatkraft, ohne Ruhm zu gewähren. Die materiellen Bedürf=
nisse bilden den Angelpunkt unsers Daseins; Alles dreht sich um
Essen und Trinken, Alles schreit nach Genuß und Vergnügen, wobei
ein jeder einem jeden im Wege ist. In Mitten der höchsten Civili=
sation ist der moderne Kulturmensch wieder in jenen thierähnlichen
Zustand zurückgekehrt, in welchem er nach Rousseau sich befand, als
er seine Wälder verließ, um den ersten Stein zur Erbauung einer
menschlichen Wohnung zu gründen. Jugend, Schönheit, Geist sind
für diesen Halbbarbaren nur Werthe, mit denen sein Ehrgeiz rechnet;
das Aequivalent für alle diese Werthe ist aber das Geld, und der=
jenige daher ein Thor, der seine Jugend, seine Schönheit, seinen
Geist nicht für den allerhöchsten Preis zu verkaufen sucht. — Zu diesen
Grundsätzen ungefähr bekennt sich Mme. Huguet, die Heldin des
Stücks, eine durch harte Lebenserfahrungen gereifte Frau, welche ihren
zarter besaiteten Sohn von seinen Illusionen zu befreien sucht, und
ihm, der durchaus Karriére machen soll, statt der armen Geliebten
eine längst in petto gehaltene reiche Erbin als Frau zuzuführen ge=
denkt, was aber durch die Charakterfestigkeit des Sohnes und die
endliche Sinnesänderung seiner Mutter verhindert wird. Man sieht,
das Motiv ist so allgemein wie möglich gehalten; aber darin gerade
liegt seine Wahrheit für unsere Zeit. Denn wir wollen eben von
allgemeinen sittlichen Principien Nichts wissen, wenn dieselben in
concreto mit dem Verlangen unsers Egoismus nicht übereinstimmen.
Wie manche Thräne mag beim Anschauen des Augier'schen Stücks
aus unverheiratheter Mädchen Augen geflossen sein, die weniger glück=
lich, als die arme Braut Philippe Huguet's, um einer besseren Par=
thie willen einst auf das gehoffte eheliche Glück haben verzichten
müssen!

Von Augier ab scheidet sich die realistische Schule in zwei jedoch
keineswegs streng gesonderte, noch weniger sich schroff entgegenstehende
Richtungen, welche wir nach ihrem vorwiegenden Charakter die
idealistisch=realistische und die realistisch=realistische nennen können.
In Augier ist diese Scheidung, wie bereits hervorgehoben, noch un=
entwickelt vorhanden; so ist das idealistische Element in den ältern,
größtentheils in Versen geschriebenen Augier'schen Komödien: „la
ciguë", „Gabrielle", „Philiberte", „l'Aventurière" entschieden vorherr=
schend, während die realistische Richtung in „le mariage d'Olympe",
„ceinture dorée" u. a. m. hervortritt.

Eine entschiedene Abneigung gegen den krassen Realismus und

damit eine tiefere poetischere Auffassung des dramatischen Genres
macht sich jedoch bei O. Feuillet*) geltend, den wir deshalb mit
Legouvé, Bouilhet, und einigen der jüngsten Talente, wie Amédée
Rolland, zu einem besonderen Häuflein vereinigen, welches sich in der
allgemeinen Sündfluth der décadence auf einem wenn auch nur wenig
hervorragenden grünen Fleck poetisch=romantischer Reminiscenzen zu=
sammengefunden hat.

O. Feuillet's eigenthümliche Begabung ließ in ihm Anfangs
nicht die dramatische Energie vermuthen, die später in dem Verfasser
des „Montjoie" in bemerkenswerther Weise zur Erscheinung kam. Er
hatte sich bereits durch eine Anzahl sehr gelungener kleinerer Erzäh=
lungen und Theaterstücke: „la crise", „le cheveu blanc", „la clé d'or",
„le pour et le contre" als anmuthvoller Darsteller und erfindungs=
reicher Poet einen Namen gemacht, als er zum ersten Male im Jahre
1860 mit einer größeren dramatischen Arbeit „la tentation" vor das
Publikum trat, in welcher er die verstreuten Motive seiner kleineren
Arbeiten zu einer einzigen Fabel auf geschickte Weise zusammenfaßte
und sie den Anforderungen der theatralischen Optik und Akustik an=
zupassen suchte. Die Kritik verzweifelte damals an dem Erfolge:
man hielt Feuillet für einen zu sehr im Gemüthsleben einheimischen
Dichter, als daß man ihm die für das Theater nothwendige Kunst,
äußerlich zu repräsentiren und mit Effekt zu chargiren, zutraute.
Auch ist der genannte erste dramatische Versuch des Dichters fast zu
sehr mit jenem Blumen=Reichthum der Phantasie versehen, den wir
uns in einem Roman sehr wohlgefallen lassen, der aber hinter den
Bühnenlampen gar leicht Ansehen, Farbe und süß=duftenden Schmelz
verliert, und dessen natürlicher Zauber hinter den künstlich aufge=
bauschten und angestrichenen Kleidern der dramatischen Prostitution
zurückstehen muß. Wie soll auch die keusche Muse, die nur über
ihre eignen Mittel zu verfügen hat, mit jenen Aftermusen sich in
Konkurrenz einlassen, welche sich Flicken und Fetzen aus aller Herren

---

*) Octave Feuillet, den 11. August 1812 zu St.=Lo (Manche) geboren,
ist außer durch seine dramatischen Arbeiten durch einige sehr gelungene No=
vellen und Romane, deren Motive größtentheils den höheren Kreisen der
Pariser Gesellschaft entnommen sind, bekannt und beliebt. Einzelne derselben
hat er später in Theaterstücke umgearbeitet, so z. B. le roman d'un jeune
homme pauvre. Feuillet ist seit 3. April 1862, an Stelle Scribe's, Mitglied
der Akademie, seit 14. August 1863 Offizier der Ehrenlegion.

Länder zusammenstehlen, und die ein Dutzend Liebhaber zu gleicher Zeit, aber niemals einen ernsthaften Bräutigam haben.

Leider ist O. Feuillet in seiner „tentation"*) auch der Versuchung nicht aus dem Wege gegangen, und hat sich zum Vertheidiger des unglücklichen Bewußtseins einer jungen Frau aufgeworfen. Camille de Vardes ist der Name dieses schönen Wesens, welches wir bei Aufgang des Vorhanges, einem Schatten gleich, im leichten luftigen Sommerkleide, den breiten Strohhut am Arm, durch die schwermuthsvollen düstern Laubgänge des Parkes ihrer zu Paris belegenen Villa dahinwandeln sehen. Und welcher Kummer lastet mit Centnerschwere auf dieser Sylphiden-Gestalt? Ein Nichts oder — ein Alles: sie fühlt sich unglücklich; sie hat ein liebebedürftiges Herz, aber kein Mensch versteht sie, sie findet nirgends eine gleichgestimmte Seele, einen verwandten Geist. Ihre Mutter ist eine Coquette von fünfzig Jahren, die ihr den frivolen Rath giebt, wenn es ihr in ihrem Hause nicht gefalle, in dem Strudel der weltlichen Vergnügungen Vergessenheit ihres verfehlten ehelichen Lebens zu suchen. Ihre Schwiegermutter ist eine alte Pharisäerin, eine höchst ehrwürdige, aber höchst langweilige, näselnde, mäkelnde alte Matrone; kein Umgang für eine junge „Anempfinderin" von fünfunddreißig Jahren. Ihr Mann endlich, Goutrau de Vardes, betrachtet die Ehe als eine Gewohnheitssache; er ist darin weder kalt noch warm, sondern in einer höchst bedenklichen Thauwetter-Stimmung. Sie thut allerdings ihrerseits nichts dazu, den Barometer auf „Schön Wetter" steigen zu lassen; sie klagt nur immer über Lauheit; aber auch mit diesen Klagen ist es ihr nicht Ernst. Denn sie muß den Einwand ihres Ehemannes, daß er nicht beständig zu ihren Füßen sitzen könne, mit der Guitarre in der Hand, im Grunde als richtig anerkennen. Aber sie fühlt sich nun ein Mal unbefriedigt; ihr so bewegliches Herz ist zum Stillstande verurtheilt; sie kann nur seufzen und weinen.

Da erscheint, zu diesem Zweck aus dem Orient herbeigereist, der zum Ritter der verlassenen Prinzessin ausersehene M. de Trevelyan, ein junger Diplomat, welcher, ohne noch von seiner Mission eine Ahnung zu haben, eine Liebes-Erklärung in ziemlich schlechten Versen abfaßt, diese in dem stehengebliebenen Arbeitskörbchen seiner unbekannten Schutzbefohlenen deponirt und dem Zufall das Weitere überläßt. Die junge Dulderin kehrt zurück, findet die Verse, liest sie und ruft aus: „j'aimerai l'inconnu."

---

*) 1860 zum ersten Mal auf dem Vaudeville-Theater aufgeführt.

M. de Trevelyan wird ihr demnächst von der Hand ihres Gatten als cousin de famille vorgestellt, und schon in der nächsten Scene erblicken wir ihn zu ihren Füßen, die Guitarre spielend. Nunmehr kommt Bewegung in das Leben der jungen Frau: noch widersteht sie zwar, aber sie fühlt schon, daß ihr Widerstand nicht von langer Dauer sein könne. Da faßt sie den heroischen Entschluß, Paris zu verlassen und ihren Ehemann, unterstützt durch die Reize eines ländlichen Aufenthalts, sich wiederzuerobern. Auf einem großen Abschiedsfeste verkündet sie dem überraschten Cousin ihren Willen; da sie aber gleichzeitig unwiderlegliche Beweise von der Untreue ihres Gatten erhält, ändert sie wiederum ihren Sinn, hört die erneuerten Liebesschwüre des schon halb entthront gewesenen Guitarrenspielers mit schweigendem Interesse an und wird dabei von ihrem schuldbewußten Ehemanne belauscht. Es kommt nun selbstverständlich zu einer Ausforderung und zu einem Kampfe auf Leben und Tod, vorher aber noch zu einer eigentlichen Ehestands-Scene im Schlafgemach der jungen unglücklichen Frau, wobei sich beide Eheleute alles dasjenige sagen, was von gebildeten Menschen unter dergleichen Umständen gesagt zu werden pflegt.

Endlich, im fünften Akt, findet gelegentlich der Hochzeit des aus dieser Ehe stammenden Töchterchens mit einem dem Hause gleichfalls verwandten jungen Advokaten die Wiederaussöhnung unter den Ehegatten statt.

Man sieht, daß das Motiv des Stücks keineswegs einen höhern Aufschwung der dramatischen Idee bekundet, sondern sich im Gegentheil recht eigentlich in dem Dunstkreise der leider dem realsten Realismus angehörigen ehelichen Zerwürfnisse bewegt. Faßt man den Grund zu den Leiden der Frau von Barbes schärfer ins Auge, so findet man, daß derselbe nicht eigentlich in einem Mißverständniß zwischen beiden Ehegatten beruht, was nach einer fast zwanzigjährigen Ehe eine Abnormität wäre, sondern daß sich vielmehr in der auf der Grenze zwischen letzter Jugend und erstem Alter stehenden Frau die Herbstrose einer Spätlings-Leidenschaft mit all' ihrem süßen, geistig-sinnlichen Duft und Zauber entfaltet. Ein ideales Frauengemüth findet, wenn nicht in der Ehe, so doch in geistiger Beschäftigung, in poetischer Vertiefung seines Selbst die sicherste Rettung vor dergleichen Anwandlungen. Eine solche Frau ist nun die Baronin von Barbes nicht; aber warum ist sie es nicht? Sie benimmt sich wie ein junges Mädchen, welches zum ersten Male liebt. Ja, sie liebt nicht ein Mal; sie wirft sich dem ersten Besten in die Arme, blos weil es ein junger Mann ist, bei dem sie ein Herz voraussetzt. Diese „Versuchung" ist doch in der That zu flach und trivial, um irgend welches psychologische Interesse beanspruchen zu können. Wie können wir uns für einen weiblichen Charakter interessiren, der sich verführen läßt, aus purer Lust zur Veränderung? Und doch wird uns Frau von Barbes auf der andern Seite als eine sehr poetische, empfindsame Natur dargestellt. Wir befinden uns sonach während des ganzen Stückes in einer beständigen Schwebe zwischen Interesse und Apathie; wenn unser Herz warm werden will, um dem unglücklichen Bewußtsein der Heldin seine Theilnahme zu bezeugen, legt sich plötzlich die kalte Hand des Verstandes darauf und bestimmt uns, unsere Rührung für bessere Veranlassungen aufzusparen.

Dieser Widerspruch zwischen Idealismus und Realismus ist mit einer bewußteren, gelungeneren Distinktion von Feuillet in seiner renommirtesten comédie: „Montjoye"*) zu einem im Sinne der deutschen Literatur erwünschten Endresultat durchgeführt worden. Montjoye, oder der wahrhaft starke Mann, wie er sich selber nennt, ist in seinem fünfzigsten Lebensjahre die Inkarnation des krassesten, vollendetsten Realismus, welcher aber durch seine systematisch zu nennende Abrundung ein mehr aesthetisches als moralisches Vergnügen erweckt und einen entschiedenen Fortschritt in dem dramatischen Takt des Verfassers erkennen läßt.

Der Idealismus ist immer schön; selbst in seinen ersten romantischen Anfängen, wo er mit vagen Gefühlen von Himmelsblau und Wiesengrün schwärmt. Denn die Phantasie redet ihm das Wort, und der Verstand wird betäubt durch den Duft, der dem frisch gepflügten Herzen entströmt. Aber der Egoismus kann uns nur auf der Höhe seiner Vollkommenheit ein aesthetisches Vergnügen gewähren; so lange er sich noch . in den Flegel- und Studenten-Jahren befindet, stößt er durch die rohe fleischliche Gewalt und die breite flämische Manier seines Auftretens zurück. Montjoye ist die geistige Ueberlegenheit in Person, sein System ist auf der Verachtung Alles dessen, was er „blau" nennt, begründet. Blau nennt er aber Alles, was nicht praktisch ist: poetische Illusionen, kindische Vorurtheile, romaneske Abentheuerlichkeiten, krankhafte Einbildungen, wohltönende und leere Phrasen. Diese ganze unnütze Bagage hat er rechtzeitig

---

*) 1863 vom Gymnase-Theater zum ersten Mal gegeben.

über Bord geworfen, er hat sich mit allen Kräften seines Geistes den materiellen Interessen zugewendet, und ist — ein reicher, geld- und einflußreicher Mann geworden. Nur ein Mal in seinem Leben hat er, was er eine Schwachheit nennt, begangen; er hat ein Weib geliebt, wahrhaft geliebt, und sie zu seiner Frau gemacht. An diesem einen schwarzen Stein des Anstoßes wird er dann auch später zu Falle kommen.

Die Ehe ist für Montjoye eine mythologische Einrichtung, deswegen ist seine Frau seine Maitreffe geblieben; seine beiden Kinder, Cécile und Roland, haben, nach dem code civil, keinerlei Rechtsansprüche gegen ihn. Seine Vaterpflichten erfüllt er indessen mit einer cavaliermäßigen Vorurtheilslosigkeit: er bezahlt die bedeutenden Spielschulden seines Sohnes, jedoch mit dem Vorbehalt, daß er sich seinetwegen nicht ruiniren werde. Seine Tochter liebt einen jungen, talentvollen, aber vermögenslosen Advokaten, den Sohn von Montjoye's früheren Kompagnon, welcher sich um seines Fallissements willen das Leben genommen hat. Montjoye hat nicht das Geringste dagegen, daß die beiden jungen Leute ein Paar werden, und es kommt nur um deswillen nicht dazu, weil der junge Mann zu schüchtern ist und trotz aller Winke seiner prädestinirten Braut nicht zu einer Erklärung bewogen werden kann.

Montjoye ist ferner ehrgeizig: er bewirbt sich um einen Sitz im Parlament, und bedient sich zu diesem Zwecke seines Freundes Saladin, den er aus dem größten Elende herauszieht und der mit einem wahren Feuereifer für die Kandidatur seines Gönners Propaganda macht. Ebenso ist Montjoye's Herz auch gegen zartere Regungen keineswegs unempfindlich; ihn fesseln die Reize der schönsten Frau in Paris, welche an den eifersüchtigsten Mann, einen fabelhaften General in brasilianischen Diensten verheirathet ist; und der Zufall will es, daß dieses Othello-Ehepaar in Montjoye's eigenem Hause eine Wohnung bezieht.

Es ist wahr, daß diese einzelnen Charakterzüge in genaue Verbindung gesetzt sind mit dem allgemeinen streng-materiellen Glaubensbekenntniß Montjoye's. Die Heirath zwischen seiner Tochter und dem Sohn des verunglückten Banquerottirers ist dazu bestimmt, die in seinem Wahl=Departement herrschenden Gerüchte hinsichtlich eines Betruges, durch welchen er den Sturz seines früheren Geschäftsfreundes veranlaßt haben soll, ein für alle Mal zu Boden zu drücken; die Freundschaft mit Saladin dient ebenfalls nur seinem

Egoismus, da Niemand so gut wie dieser in allen Sätteln gerechte Abenteurer die Agitation zu lenken versteht. Auch das Verhältniß mit der Generalin ist für Montjoye nur eine Befriedigung seines Ehrgeizes: sie ist die schönste Frau in Paris, sie hat den eifersüchtigsten Mann, und außerdem ist es ihm eine Garantie, daß er über dem Vorurtheil der ehelichen Pflichten erhaben ist.

Also allenthalben der konsequenteste Materialismus. Worin aber, fragen wir, liegt die Schwäche desselben? Darin, daß er, statt sich gegen die Methode zu wenden, die Prinzipien negirt; und an dieser materialistischen Prinzipien-Reiterei muß selbst ein Mann von Stein, wie Montjoye, zu Grunde gehen. Statt wenigstens die relative Macht der sittlichen Principien anzuerkennen und nur ihre absolute praktische Anwendung zu bekämpfen, führt er seine ohnmächtigen Keulenschläge gegen den Stamm aller menschlichen Existenz, gegen die Liebe und Freundschaft, diese realsten Mächte unter den Ideen. Er will sie nicht gelten lassen, aus eitler Consequenzmacherei, und doch muß er an sich selber erfahren, daß beide die festgesetzten Wurzeln in seinem eignen Leben bilden.

Seine Frau verläßt ihn, weil er ihr hartnäckig die nachträgliche Legitimation der Ehe verweigert. Die Folge davon ist, daß er auch von seinen beiden Kindern verlassen wird, und zwar mit vollem Fug und Recht, da er nicht das Geringste gethan hat, sie durch eine wirkliche väterliche Liebe an sein Herz zu fesseln. Und hier zeigt sich nun der eigentliche Kardinalpunkt des sittlichen Konflikts. Dieser selbstbewußte aus lauter Materie zusammengesetzte Mann kennt sich selber nicht; er hat ein wirkliches menschliches Herz, keinen bloßen rohen Fleisch-Polypen: er liebt seine Tochter Cécile auf das Zärtlichste, was ihn freilich nicht verhindert, ihren Bräutigam im Duell halbtodt zu schießen, wodurch er aber endlich doch bestimmt wird, mit seiner materiellen Vergangenheit zu brechen, sein ganzes Vermögen zu einem wohlthätigen Zwecke — denn anders läßt sich die Reparation des auf dem Namen seines verunglückten Kompagnons haftenden Makels kaum auffassen — zu verwenden und schließlich reuevoll in die Arme seiner Gattin zurückzukehren.

Mit einem Bischen mehr Weltklugheit hätte der „wahrhaft starke" Mann diese Konsequenz vermeiden und doch seinen Grundsätzen getreu bleiben können. Was Montjoye und mit ihm die moderne Zeitrichtung will, ist im Principe ganz rationell und bedarf nur einer geschickten praktischen Anwendung. Nicht die Ideen als

solche sind dem Rationalismus zuwider; sondern er bekämpft nur
ihre schmarotzerhaften romantischen Auswüchse. Es wäre eine lächer=
liche Wiederholung titanenhafter Umsturz=Versuche, sich gegen die
ewigen Götter des Menschengeschlechts, gegen die großen Ideen,
welche die Welt regieren, aufzulehnen; und Liebe und Freundschaft,
alle heiligen Gefühle des Menschenherzens, sind doch nur die intimen
Fürsprecher dieser Ideen im Subjekt. Welcher kluge Mann wird
sich unterfangen, an dem Bau der Sittlichkeit zu rütteln, unter dessen
Schutz die Menschen seit ihrer Emancipation von der Natur in
Ruhe und Frieden wohnen? Das alte Chaos müßte wieder herein=
brechen, wollte man diese festen Säulen der Weltordnung umreißen.

Wie Montjoye die Theorie des Egoismus und Materialismus
zu realisiren sucht, muß er auf lauter Widersprüche stoßen: er will
eine Frau haben und doch nicht ihr Mann sein; seine Kinder sollen
ihm nicht fluchen und doch will er sie nicht als seine Kinder aner=
kennen; er benutzt die Freundschaft anderer Menschen, aber er will
keine Freunde haben. (Ein konsequenter Egoist und Materialist ist
nur als Monade, d. h. als eine unter Millionen fühlender Ge=
schöpfe allein stehende Gliederpuppe denkbar. Die menschliche, bür=
gerliche Gesellschaft, und das Leben in ihr, dulden keine konsequenten
Selbstherren. Dieses unumstößliche Gesetz verkannt zu haben ist ein
großer Charakterfehler Montjoye's, aber die comédie „Montjoye" hat
in dieser Schwäche der Hauptfigur gerade ihr Stärke. Sie hebt den
falschen Realismus aus dem Sattel, läßt ihn über seine eignen
Beine fallen und richtet ihn alsdann an der versöhnenden Hand der
Idee wieder in die Höhe. Es wird dem Jahrhundert und Körper
der Zeit das Abbild seiner Gestalt gezeigt, und zwar weder in über=
triebener noch in zu schwacher Vorstellung: denn was richtig ist in
Montjoye's Philosophie, das bleibt im Princip unwiderlegt.
Montjoye ist kein verabscheuungswerther Charakter; er irrt im That=
sächlichen, weil er die Rechtsfrage nicht in's Enge zu bringen ver=
steht. Er verabscheut die Schwärmer und doch ist er selber einer
der allergefährlichsten; nur daß er statt für die ferne Himmelsbläue,
für die näherliegende rohe Materie schwärmt. Einer der aller=
gefährlichsten Schwärmer, weil er statt mit dem Herzen, mit dem
Kopfe, statt in der Trunkenheit, mit nüchternem Verstande schwärmt. —

Der vierte unter den Vorkämpfern des Realismus, den wir,
wenn auch um einige Fuß tiefer als Augier und Dumas fils, mit

auf das Piedestal der berufenen Dramatiker stellen, ist Théodore Barrière.*)

Seine Force besteht im Angriff, im Sturmlaufen gegen die verkehrten Institutionen, schlechten Gewohnheiten, falschen Charaktere der décadence, welche er massenweise mit einer Art Feldherrnblick übersieht und mit radicaler Grausamkeit zu Boden tritt.

Er läßt seine moralischen Gegner, die er zur Zielscheibe seiner Invektiven macht, die filles de marbre, die faux bonhommes nebst den fausses bonnes femmes, die Parisiens und Parisiennes in Reih' und Glied vor sich aufmarschiren; er begnügt sich nicht mit dem Zweikampfe gegen irgend ein aus der Menge herausgegriffenes mauvais sujet; er hat einen so großen Vorrath von exemplarischen Individuen in seinem Studien-Kabinet, daß er in den fünf Akten einer Komödie nicht Alles unterzubringen vermag und es daher der Phantasie des Zuschauers überlassen muß, die Gallerie seiner Photographieen nach dem Leben bis in's Unendliche auszudehnen. Diese Massenhaftigkeit der Barrière'schen Produktions-Methode gereicht aber der dramatischen Entwickelung seiner Komödien keineswegs zum Vortheil. Fast alle, vielleicht mit einziger Ausnahme von „Cendrillon" (Aschenbrödel) entbehren der Handlung, und noch weniger finden sich in ihnen wirkliche durchgreifende Charaktere dargestellt. Wie G. Doré, der produktivste Zeichner der décadence, entwirft auch Barrière seine Figuren nur skizzenhaft und liefert nur Croquis, keine ausgeführten Charakter-Gemälde. Er versteht es, einzelne Scenen, Episoden, Fragmente mit geschickter Hand hinzuwerfen und hier und da auch einen speciellen Typus in gelungener

---

*) Théodore Barrière, im Jahre 1823 zu Paris geboren, in den Jahren 1834—43 mit geographischen Arbeiten im Kaiserlichen Kriegs-Ministerium beschäftigt, widmete seine Mußestunden frühzeitig dramatischen Arbeiten, so daß er im Jahre 1853 mit seinen „Filles de marbre", wobei Thiboust sein Mitarbeiter war, einen eklatanten Erfolg errang. Während der Jahre 1842 bis 60 ist Barrière schriftstellerisch unablässig thätig gewesen, und hat die französische Bühne mit über 50 zum Theil sehr beifällig aufgenommenen Theaterstücken bereichert, von denen die bekanntesten: „midi à quatorze heures" (1851), „les Parisiens" (1855) u. a. auch in Teutschland die Bühne mit Glück passirt haben. Im Verein mit seinem hauptsächlichsten Mitarbeiter Decourcelles hat er herausgegeben: „Les douze travaux d'Hercule", „Tambour battant", „Monsieur mon fils" u. a. Von seinen kleineren Sachen ist am beliebtesten das einaktige Lustspiel: „le feu au couvent" (1860).

Weise zu präctfiren, aber, wenn es sich darum handelt, diese einzelnen zerstreuten Details zur Massenwirkung einer Komposition zu sammeln, dann erlahmt seine Hand, seine Pinselführung wird unsicher und liefert oft nur schwankende Gestalten.

Er steht deshalb in zweifachem Gegensatze zu seinen berühmten beiden Kollegen Dumas und Feuillet. Wenn der erstere, den Kneifer im Auge, das Spazierstöckchen in der Hand, wie ein genialer Müßiggänger die Thorheiten und Frivolitäten unserer Zeit mit der größten Gemüthsruhe beobachtet und mit überlegener Verstandesschärfe analysirt, so läßt sich dagegen Barrière, oft sehr zur Unzeit, zu beleidigenden Aeußerungen und Handlungen hinreißen. Er schimpft, er flucht, er schlägt drein, als ob der schlimme Streich, den irgend einer von den faux bonhommes seinem Nachbar spielt, ihm selber gegolten hätte. Dadurch erhalten seine Invektiven gegen die Mängel der Gesellschaft etwas Naives, zu Natürliches, welches sich mit dem höhern Standpunkte des aesthetischen Tribunals, den der Komödien-Schreiber einnehmen muß, wenn er sich nicht selbst lächerlich machen will, schlecht verträgt. Barrière übt Straßen= und Lynch=Justiz gegen Verbrechern, welche nur durch geistige Mittel gestraft und nur auf moralischem Wege unschädlich gemacht werden können.

Während ferner O. Feuillet eine aristokratische Künstler=Natur ist, welche das Gemeine erheben will und mit Schonung der Privat-Interessen sich nur gegen das epidemische Umsichgreifen der socialen Krebsschäden wendet, übt Barrière sein demokratisches Faustrecht nicht nur ohne jede parlamentarische Form, sondern auch mit einer systematischen Gewissenhaftigkeit aus, welche selbst den guten Kern nicht verschont und sich dabei in ein höchst undramatisches Rede-Gepolter, ja in blasse Renommisterei verliert. Die Barrière'schen Karikaturen sind nicht nur keine Charaktere, sondern sie haben auch oft nicht ein Mal den geringsten Anschein von individuellen, plastischen Persönlichkeiten. Sie schütten ihre Redensarten wie Indianerpfeile über die Zuhörer, ohne Zielpunkte, ohne Consequenz und daher ohne rechte Trefffähigkeit. Was von einer dramatischen Figur gesagt wird, darf seinen Grund nicht blos in der Richtigkeit allgemeiner Principien haben, sondern es muß auch zugleich als ein nothwendiges Resultat der Individualität dieses bestimmten Menschen erscheinen. Selbst der am meisten gelungene Charakter des Desgenais in den „Parisiens" (1855) ist von diesem Fehler nicht freizusprechen. Desgenais sollte eine Art Pariser Diogenes werden, um den Ver=

tretern der jeunesse dorée, den roué's, den Wucherern, Halsabschnei=
dern, Güterschlächtern u. s. w. von seiner Tonne aus, die er mitten
in die Salons rollt, die gründlichsten und gröbsten Wahrheiten zu
sagen. Aber aus dem Diogenes wurde nur ein Hofnarr, eine Art
Triboulet der Gesellschaft, der dem verkommenen Geschlecht der Sa=
lonshelden und Lebemänner zwar auch tüchtig einheizt, aber aus
purer Vorliebe für das Metier, weil ihm das Schimpfen Spaß
macht und er weiß, daß man einen Narren duldet, um über ihn
lachen zu können. Desgenais verfährt daher mit methodischer Gründ=
lichkeit; er kanzelt die ganze Sippschaft der angehenden Catilinarier
der Reihe nach herab; aber man hört seine Moral=Pauke mit an,
wie man einen fanatischen Prediger von der Kanzel donnern hört.
Es bleibt beim Alten, nach der Predigt laufen die Leute wieder
auseinander und lassen den lieben Gott einen guten Mann sein.

Das ist aber Nichts Dramatisches. Im Drama dürfen wir nicht
auf einen rächenden Himmel vertröstet werden; die Handlung muß
den Schuldigen ergreifen, das Schicksal muß ihn zermalmen, die
Consequenz darf nicht außerhalb des Bühnengemäldes fallen.

Der zweite Charakter, dem wir in den Barrière'schen Stücken
begegnen, ist dagegen besser gezeichnet, in groben Umrissen zwar,
aber doch kräftig und ziemlich wahrhaft dargestellt. Dumas' Vor=
studien sind hier mit Geschick benutzt worden. Es ist der Charakter
des jungen Franzosen von heute, der mit bedeutenden, aber noch
unentwickelten Fähigkeiten ausgerüstet, inmitten einer materiellen,
von den Gemüthsmenschen verlassenen Welt, schnell durch eine harte
Schule der Erfahrung gezeitigt, sich äußerlich dem Standpunkte
seiner Umgebung anbequemt, um nicht allein zu stehen und vor
einem Ueberfall gesichert zu sein. Die Furcht, düpirt zu werden,
wird der Hebel aller seiner Handlungen, und der Abscheu vor dem
sich „Lächerlich=machen" das Kriterium seiner moralischen Aufführung.
Er sieht eine ganze Welt in Waffen sich gegenüber; er rüstet sich,
ihr mit gleichen Waffen zu begegnen, und schlägt jeden Angriff des
gemeinen Egoismus mit brutalem Cynismus zurück. Donnant don=
nant, für Nichts ist Nichts, wird seine Devise, und statt sich roman=
tischen Vorstellungen von einer Besserung der aktuellen moralischen
Zustände hinzugeben, gelangt er schnell zu der Erkenntniß, daß nur
das materielle Interesse die Menschen an einander fesselt, daß man
daher seinem Nebenmenschen zu Dienstleistungen nur gegen baaren
Profit verpflichtet sei. Dieses ist das Ideal der Pariser Jugend

von heute, wie wir es in den Barrière'schen Komödien mit ziemlicher Treue wiedergegeben finden; von dem Revers der Medaille zu geschweigen, dessen fratzenhafte Verzerrung uns leicht selber zu einer Barrière'schen Karikatur verführen könnte.

Wie naiv und kindlich aber Barrière's moralische Entrüstung werden kann, wenn sie in ihrem blinden demokratischen Eifer sich mit Ellenbogenstößen durch die Menge drängt, beweist das vielfach gepriesene und doch hinter der Dumas'schen Komödie von gleicher Tendenz weit zurückstehende Stück: "les filles de marbre", dessen erste Aufführung im Jahre 1853 für den Verfasser von durchschlagendem Erfolg war. Der ganze Inhalt dieses Stücks läßt sich in folgende kurze Apostrophe zusammenfassen. Barrière hält den Damen der demi-monde eine Strafrede. "Ihr Larvengesichter," sagt er, "ihr spielt die Tugendhaften und seid doch die verworfensten Geschöpfe auf Gottes Erdboden. Ihr habt ein Herz von Stein im Busen und wollt doch von der Liebe der Männer leben." Ich nenne einen solchen Eifer blind; denn er trifft das Uebel nicht am rechten Fleck. Die Prostitution ist sicherlich kein Asyl für weichherzige junge Mädchen, die sich zum Spielzeug der Männer hergeben, nur aus Lust zu ihrem Beruf, aus freier Wahl einer von Gefahren aller Art umgebenen Existenz. Barrière schimpft auf die Damen mit dem Marmorbusen. Wie grob, wie plebejisch ist diese Auffassung gegen die feine geistreiche Dumas'sche Bezeichnung: dame aux Camélias.

Barrière stempelt die filles perdues zu steinernen Götzen, an denen alle Versuche, eine wirkliche Liebe in ihnen zu entzünden, machtlos abprallen. Dumas' Marguérite Gauthier ist ein Mädchen, das sich vor dieser wirklichen Liebe mit allem ihrem natürlichen, sinnbetäubenden und herzberauschenden Zauber fürchtet; wenn ihr Blumen zum Geschenk gemacht werden, so sollen es nur die schönen, aber duft- und geruchlosen Camélien sein.

Ein nicht zu verkennender Glanzpunkt im Barrière'schen Talent ist dagegen dessen unzweifelhafte vis comica, die sich nicht blos, wie bei Sardou in pikanten Redensarten, sondern in der Wiedergabe höchst gelungener komischer "Charakterzüge" äußert.

So erscheint in seinen "faux bonhommes"*) der zum Rentier

---

*) Les faux bonhommes, comédie en IV actes par Théod. Barrière et Ernest Capendu, die zuerst im Jahre 1856 im Vaudeville-Theater in Scene ging, sodann 1860 mit vielem Erfolge vom Gymnase-Theater wiederholt wurde.

avancirte frühere Galanterie-Waarenhändler Dufouré, ein Mann von fünfzig Jahren, der, nebenbei bemerkt, wenn er einem Armen ein Almosen von zwei Franken gegeben hat, zwanzig dafür anwendet, um in den Zeitungen von sich reden zu machen, in den Augen der Welt als der beste fürsorglichste Ehegatte, während er unter vier Augen seiner nicht minder scheinheiligen Gattin die unerhörtesten Grobheiten an den Hals wirft:

„Sie: Sie sind ein Verleumder! mein Sohn belästigt mich nicht ... er hat mich nie belästigt. Denn ich habe mir niemals etwas vorzuwerfen gehabt. Ich bin immer ein wahres Muster von Treue und Beständigkeit gewesen. Im Gegentheil! ich bin sehr thöricht gewesen! ...

Er (sich erhebend): Madame! ... Eigentlich ist es mir auch gleichgültig! ... Es ist jetzt doch nicht mehr Zeit!

Sie: Was wissen Sie davon, mein Herr? ... Ich bin achtzehn Monat jünger als Sie. (Dufouré platzt mit einem Gelächter heraus. — Sie, in Wuth): Bei Gott dem Allmächtigen, Ernst, treib mich nicht bis zum Aeußersten.*)

Mme. Dufouré. Vous êtes un colomniateur! mon fils ne me gêne pas ... il ne m'a jamais génée; car je n'ai jamais rien eu à me reprocher, moi! je suis toujours resté un modèle de fidélité, de constance ... J'ai même été joliment bête! ...

Dufouré (se levant). Madame! ..., Au fait, ça m'est égal ... il n'est plus temps!

Mme. Dufouré. Qu'en savez-vous, monsieur? ... J'ai dix-huit mois de moins que vous. (Dufouré éclate de rire. — Furieuse): Jour de Dieu, Ernest! ne me poussez pas à bout! ...*)

Und nun erst der Sprößling dieser 22jährigen Ehe, der 24jährige Raoul Dufouré! Ein frappanteres Spiegelbild der modernen französischen Erziehungs-Resultate dürfte sich bei keinem andern Schriftsteller finden. Als sein Vater ihm den großen Aufwand, den er in Kleidung und Lebenswandel macht, vorwirft, entspinnt sich folgendes Gespräch:

„Raoul: Ich habe jetzt den Paragraphen des Testaments gelesen. Meine Tante Anastasia hat

Raoul. Enfin, j'ai lu l'article des successions. Or, ma tante Anastasie m'a laissé cent cin-

---

*) Act. II. sc. VI.

mir darnach 150,000 Frcs. hinterlassen. Sie, mein theurer Vater, haben kein Recht, mir dieselben vorzuenthalten, da ich großjährig bin und die Auszahlung verlangen kann. Geben Sie mir diese 150,000 Frcs. und ich werde Nichts mehr von Ihnen verlangen.

Dufouré (unwillig): Unglücklicher!

Raoul: Weiß Gott! Seit ich auf der Welt bin, haben Sie mir immer gesagt: „das Vermögen ist das höchste Gut; wenn Du willst, daß man Dich hochschätze, „fülle Deinen Beutel mit Geld"; wenn Du Freunde haben willst, „fülle Deinen Beutel mit Geld"; und so weiter. Nun wohl, jetzt will ich's; weiter Nichts.

Dufouré: Rechne nicht darauf! ... Diese 150,000 Frcs. werden in meiner Kasse bleiben ... Du bekommst sie nicht.

Raoul: Aber Sie haben kein Recht, sie mir vorzuenthalten, Papa ... Von einem meiner Freunde, welcher Advokatenschreiber ist, habe ich mir sagen lassen ...*)

quante mille francs. Vous les détenez illégalement, puisque je suis majeur et que j'ai droit à ma fortune. Donnez-moi mes cent cinquante mille francs, et je ne vous demanderai plus rien!

Dufouré (indigné). Malheureux!

Raoul. Dame! Depuis que je suis au monde, vous m'avez toujours répété: „La fortune est le premier des biens; si tu veux être recherché, aie de l'argent; — si tu veux avoir des amis, aie de l'argent; — et toujours de l'argent." (Se levant.) Eh bien! j'en veux, voilà tout.

Dufouré. N'y comptez-pas!... les cent cinquante mille francs sont dans ma caisse ... ils y resteront!

Raoul. Mais vous n'avez pas le droit de les garder, papa ... Dernièrement, un de mes amis qui est clerc d'avoué me disait ...*)

No. 2. Mr. Peponet, ein früherer Kaufmann, ist mit Dufouré ungefähr von gleichem Schlage. Wie dieser seinen Sohn, so will Peponet seine beiden Töchter so schnell und billig wie möglich unterbringen. Er veranstaltet ein förmliches Aufgebot unter verschiedenen Schwiegersöhnen in spe, und nachdem er die eine Tochter dem billigst Fordernden, d. h. demjenigen, der sich mit der geringsten Mitgift begnügt, zugeschlagen, findet er, da sich inzwischen noch ein billigerer meldet, an dem Zuerstgewählten plötzlich allerhand auszu-

---

*) Act II. sc. VII.

setzen, wobei ihn einer seiner Freunde unterstützt, der ihm plausibel zu machen sucht, daß jener Schwiegersohn mit der höheren Forderung, obgleich in Wirklichkeit ein wahrer Herkules von Mann, mit einer heimlichen tödtlichen Krankheit behaftet sei.

Aber ein eigentlicher dramatischer Abschluß fehlt den „faux bonhommes"; es ist nur ein Portrait-Figuren-Bild geliefert, auf welchem die einzelnen Personen sich möglichst gleichgültig neben einander hinbewegen, sich gelegentlich einige Rippenstöße versetzen, aber am Ende alle Recht behalten, trotzdem wir sie in dem vollen Glanze ihrer falschen Bonhommie gesehen haben. So hat der Autor den Effekt seines Bildes mit eigener Hand wieder verwischt, und der Zuschauer muß sich beim Anblick dieses leeren Tableaus am Schlusse des Stückes eingestehen, daß er sich recht eigentlich habe an der Nase herumführen lassen.

An Th. Barrière reiht sich als die jüngste und hoffnungsvollste dramatische Kraft der décadence Victorien Sardou,*) einer der kühnsten, geistreichsten und geschicktesten Schriftsteller, welche die neueste französische Literatur aufzuweisen hat, und der, nach den Erfolgen, die er bei einem Alter von noch nicht vierzig Jahren bereits hinter sich hat, dazu bestimmt zu sein scheint, dereinst der gefeiertste Dramatiker Frankreichs zu werden.

Seine ersten Lorbeeren erntete Sardou im Jahre 1861, indem er rasch hintereinander, wie ein zum Ueberfall gerüsteter Feldherr, eine Anzahl comédies, von denen ich hier nur: „la perle noire", „les pattes de mouche" und „les femmes fortes" nenne, auf die Bühne brachte und dem vor-Staunen und Bewunderung einer so jungen

---

*) Victorien Sardou, im Jahre 1831 zu Paris geboren, widmete sich zunächst der Medizin und beschäftigte sich dann mit historischen Studien: die erforderlichen Mittel verschaffte er sich durch Unterricht und durch journalistische Thätigkeit. Sein erster theatralischer Versuch auf der Odéon-Bühne: „Die Studentenkriege" fiel so ungünstig aus, daß er vier Jahre lang, von 1854 bis 1858, pausirte. Seine Verheirathung mit Frl. Brécourt verschaffte ihm die intime Bekanntschaft von Frl. Dejazet, auf deren Bühne er seine ersten durchschlagenden Erfolge errang. Seine hervorragendsten dramatischen Arbeiten gruppiren sich der Zeitfolge nach folgendermaßen: „les Pattes de mouche", „les femmes fortes", „Nos intimes" (1861); „la Perle noire", „les Ganaches" (1862); „les vieux Garcons", „la famille Bénoiton" (1865); „Nos bons villageois" (1866); „Séraphine" (1868). Sardou ist Ritter der Ehrenlegion. Unter den Anhängern des Spiritismus gilt er außerdem für ein ausgezeichnetes Medium. —

Kraft förmlich überrumpelten Publikum nicht Zeit ließ zu langem Nachdenken und Besinnen, sondern die ersten Erfolge bald durch neue stärkere überbot und in diesem dampfmaschinenmäßigen Fabri=ciren einer sehr guten Sorte von Theaterstücken bis in die neueste Zeit unablässig fortfuhr.

Von seinen besseren, auch in Deutschland hinlänglich bekannten Lustspielen führe ich nur folgende an, welche schon durch ihre Titel die ungefähre, der Barrière'schen verwandte Richtung des Sardou=schen Talents anzudeuten scheinen: „Nos intimes", „Les ganaches", „Les vieux garçons", „La famille Benoiton", „Nos bon villageois" und das neueste: „Séraphine"; dessen Erfolge sehr bald wieder durch ein allerneuestes, gegenwärtig noch in der Werkstätte des Meisters befindliches Charakterbild in Schatten gestellt werden sollen.

Man könnte sagen, es sei heut noch zu früh, um über ein so rapides Talent, wie das Sardou'sche, ein nur einigermaßen auten=tisches Urtheil zu fällen. Indessen mit unsern realistischen Schrift=stellern — und Sardou ist, wie bereits erwähnt, der Realistiker unter den Realistikern — ist es etwas anderes, wie mit den zarteren em=pfindsamen Talenten vergangener Perioden. Die realistische Schule hat, trotz ihrer unzweifelhaften künstlerischen Mängel, einen großen Vortheil vor allen andern Phasen der dramatischen Entwicklung voraus. Sie liefert Produkte von festem, abgeschlossenem Charakter; in ihrem Auftreten ist nichts Unbestimmtes, Unklares, was den Ein=blick in ihre Absichten, in ihre Grund=Idee verhinderte. Sardou's Arbeiten tragen, trotzdem ihn vielleicht keine länger beschäftigt hat, als eben nöthig ist, um ein günstiges Erzeugniß zu Papier zu brin=gen, keineswegs irgendwelche Spuren von Flüchtigkeit oder Ueber=eilung an sich. Sie sind im Gegentheil mit großer Sauberkeit und mit einer wunderbaren Präcision aller realistischen Elemente aus=gearbeitet. Der ungestüme Beifall des Publikums, der im Laufe der Jahre sehr bald auch an Solidität gewann, hat ihn zwar seit Beginn seiner dramatischen Laufbahn nicht recht zur Besinnung kom=men lassen; denn die Rolle des Lieblings=Schriftstellers eines Publi=kums, wie das Pariser, ist vielleicht die peinlichste und dornenvollste, die einem Sterblichen von der Muse zuertheilt werden kann. Sardou ist dadurch möglicherweise an der Vertiefung seines Talents, am Aufschwunge aus der realistischen Heerstraße zu der höheren Region der wahren Komödie verhindert worden. Vielleicht, sage ich, liegt in Sardou mehr als ein bloßer moderner Theaterschriftsteller und Sturmläufer gegen die Gesellschaft. Aber in seinen bisherigen Leistungen hat er mit wunderbarem Instinkte immer gerade denjenigen Anforderungen entsprochen, die man nach seinen Vorgängern an ihn stellen konnte. Wenn sich sein Talent bisher nur in dem Schienenwege des krassen Realismus bewegt hat, so ist er doch auf diesem Terrain nach allen möglichen Richtungen hin- und hergewandert; er ist niemals auf einem Punkte lange stehen geblieben; er ist niemals einseitig, pedantisch, nur manchmal stereotyp gewesen; aber er hat sich der Stereotypität mit Geschmack und Verständniß bedient; er hat von allen möglichen Standpunkten seine Perspektive in das bunte Treiben der Jetztzeit gerichtet, und trotz der unverkennbaren Monotonie desselben, ist er immer neu, immer vielseitig und so viel wie möglich charakteristisch geblieben.

Die „femmes fortes" sind eine geistreiche Persiflage auf die verkehrte Emancipation des weiblichen Geschlechtes, mit einer viel treffenderen und viel dramatischeren Kritik ihrer Schwächen und fatalen Konsequenzen durchgeführt, als dies in den meisten ähnlichen Tendenz-Dramen der Deutschen Literatur geschehen ist. Sardou erfaßt mit richtigem Takte die Frauenfrage nicht von ihrer socialen Bedeutung; denn von dieser Seite betrachtet erscheint sie uns zu ernst, zu tief eingreifend in den Nerv der Männerpflichten, um in einem Lustspiel behandelt zu werden. Sardou bekämpft nur die falsche Meinung von der geselligen und, wie sollen wir sagen, physischen Gleichstellung der Frauen mit den Männern, denn nur diese falsche Emancipation ist in ihrem Princip unsinnig, da vielmehr auf der geselligen Unterschiedenheit, ja Gegensätzlichkeit von Weib und Mann alle edlen, schönen, wahren Triebfedern zu großen Handlungen und ebenso großen Unterlassungen beider Geschlechter beruhen. Nur das in ihrer Sphäre, in dem beschränkteren Kreise ihrer Wirksamkeit sich bescheidende Weib kann Großes leisten, kann dem Mann ehrwürdig, liebenswerth erscheinen, kann ihm imponiren und ihn zugleich sich selbst in seiner Mannheit erkennen lassen. Tritt das Weib aus diesem engen Kreise heraus, zu männischer Tracht und Handlungsweise, so wird es seinem Charakter ungetreu, seine Bewegungen werden theatralisch, d. h. unwahr; der Mann verliert den Respekt vor einem solchen Zwittergeschöpf. Die „starken Frauen" Sardou's, welche, dazu angeleitet durch eine importirte Amerikanerin, auf die Jagd gehen, Reitstiefel mit Sporen tragen, es unter ihrer Würde halten, sich mit häuslichen Arbeiten zu beschäftigen, sind in Wahrheit schwache, unterliegende Geschöpfe, und trotz ihres bramarbasirenden Wesens nicht im Stande, dem einzigen Manne, Jonathan, Widerstand zu leisten, ihm Achtung abzunöthigen. Nur die eine weibliche Seele des Stückes, Mlle. Claire, welche ihrem Beruf treu geblieben ist, bändigt den etwas ungefügen Helden, welcher mit äußerster Energie seine realistischen Zwecke verfolgt, durch ihr kluges, feines Benehmen, und macht ihn zu einem Hercules, welcher bei der Omphale Strickunterricht nimmt.

In den „nos intimes" führt uns Sardou eine Reihe jener falschen Freunde vor, welche sich in das Vertrauen eines offenherzigen, gutmüthigen Pariser bourgeois einzuschmeicheln wissen, es sich in seinem Hause mit der Frechheit echter Schmarotzerseelen wohl sein lassen und ihn dann zum Dank für alle Wohlthaten um Vermögen, Glück und guten Ruf bringen.

Ein solcher Charakter, wie der von Mr. Caussade, der alle Welt in sein Herz schließen will und von aller Welt betrogen wird, mag selbst in unsern wenig romantischen Zeiten möglich sein; aber sicherlich kommt er eher einem Hagestolzen, als einem verheiratheten Manne zu, und hierin liegt ein psychologischer Fehler der Sardou'schen Komödie. Man begreift nicht, wie Mme. Caussade, die keineswegs den Charakter ihres Mannes theilt, gegen ein solches parasitisches Treiben in ihrem Hause nicht sollte einen gründlichen energischen Protest erhoben haben. Indessen ist auch diese Unwahrscheinlichkeit durch ein Liebesverhältniß zwischen Mme. Caussade und Maurice, einer von jenen Schmarotzer-Existenzen, einigermaßen motivirt. Diese ehebrecherische Leidenschaft, welche übrigens, nebenbei bemerkt, zu den schon erwähnten Sardou'schen Stereotypitäten gehört, führt im dritten Akte zu einer Scene, welche von der französischen Kritik fast einmüthig als die skandalöseste des neuen Theaters bezeichnet wird, und es auch sein würde, wenn sie weniger realistisch aufgefaßt wäre. Wenn man aber, nach erfolgter Schein-Abreise des Ehemannes, den Galan bei nächtlicher Weile im Schlafzimmer von Mme. Caussade erscheinen, und, um gegen jeden Ueberfall gesichert zu sein, einen hermetischen Verschluß aller Eingänge vornehmen, den Klingelzug abreißen und sich wie den positivsten Verbrecher geberden sieht, und zwar Alles unter den Augen der gemüthlich zusehenden Strohwittwe, so ist eben gerade durch diese Realistik der entgegengesetzte Erfolg eines dramatischen Eindrucks erzielt.

Hier ist eine Gelegenheit, auf die außerordentliche Schwäche der realistischen Methode in der Darstellung psychologischer Momente aufmerksam zu machen.

Was die realistische Darstellung vermag, das ist: uns ein getreues Bild des äußern Apparates unserer Umgebung zu liefern: die thatsächlichen Umstände einer Handlung zu exponiren, das Beiwerk zu illustriren und den Zuschauer auf das eigentliche Motiv eines Stückes vorzubereiten. Wenn es aber darauf ankommt, einen Blick in unser Inneres zu thun, um den verborgenen Hebel unserer Handlungen, unsere Leidenschaften, mit in das Spiel zu bringen, so ist die genaueste realistische Exposition ein elender Versuch gegenüber einem einfachen Worte des Herzens, und sollte dasselbe vielleicht niemals in dem wirklichen Leben gehört oder gesprochen, vielleicht rein aus der Phantasie des Dichters entsprungen sein. Denn es giebt gewisse innere Vorgänge der menschlichen Seele, welche keine Realität in dem gewöhnlichen Sinne des Wortes haben, und die doch oft bestimmend auf unser ganzes äußeres Leben und Treiben einwirken. Der dramatische Schriftsteller, welcher die Seele bei ihren geheimsten Operationen überraschen soll, darf sich in solchen Momenten nicht auf bloße effektive, so zu sagen naturtreue Schilderungen beschränken; er darf seinen Charakteren nicht die gäng und gäben, trivialen Redensarten, die Scheidemünze des Umgangstons, in den Mund legen; noch weniger darf er sie uns zeigen, wie sie im Begriff, ihrer Leidenschaft zu gehorchen, mit Thürenschließen, Klingelzug=Abreißen sich beschäftigen; an solchen Stellen muß der Realistiker sich von sich selbst emancipiren, muß einen höheren Ton, eine gewähltere Stimmung anschlagen. Denn nur durch solche Mittel kann er die Phantasie der Zuschauer von der ganzen Wichtigkeit des Momentes erfüllen.

Daß er dazu nicht im Stande war, dadurch hat Sardou seine Skandal=Scene in seinen „nos intimes" zu einer bloßen Farce gestempelt, und ähnlich ist es ihm auch bei der nun folgenden Unterredungs=Scene zwischen dem getäuschten Ehemann, welcher plötzlich von seiner Reise zurückkehrt, und seiner mehr überraschten, als erschrockenen Frau Gemahlin geschehen. Da eine ähnliche Scene aus ähnlichen Motiven sich in den „bons villageois" desselben Autors wiederholt, so können wir auch diesen Zug wieder als einen Beweis seiner stereotypen Manier bezeichnen. Der Ton der Auseinandersetzung ist in der bekannten, zwischen dem erheblich älteren Mann und der jüngeren Frau herkömmlichen Stimmung, d. h. nicht kalt, nicht warm, weder ganz leidenschaftlich, noch ganz ruhig, aber konsequent, mit einer grausamen, jeden Einwurf abschneidenden Consequenz.

Der Ehemann in den „braven Landleuten" sagt im ganz gewöhnlichen Konversationston: „In meinem Alter, Madame, tödtet man nicht die Frau, sondern man tödtet den Liebhaber." Das ist so leichthin gesprochen, als ob man ein Zeitungs-Referat über einen Kriminal=Prozeß läse. Wenn uns aber der dramatische Schriftsteller mit den verbrecherischen Umtrieben in den höhern Kreisen der Gesellschaft bekannt machen will, so darf er uns die von diesen Verbrechen berührten Personen nicht als bloße Zeugen, welche mit der größten Gewissensruhe ihre Aussagen vor Gericht deponiren, vorführen. Denn wir wollen ja nicht zu Gericht sitzen, nicht Recht sprechen nach dem bürgerlichen Gesetzbuch; wir wollen uns für das Recht des Charakters interessiren, wir wollen uns mit in dessen Handlungen verwickelt sehen, und dazu können wir doch nur kommen, wenn der Charakter seinerseits sich die Mühe giebt, durch eine vertraute Offenheit seiner Motive unser Interesse zu gewinnen. Die fernsten Absichten des handelnden Menschen sind immer die dramatischsten; die realistische Darstellung aber beschränkt sich konsequenterweise nur auf die nächsten unmittelbarsten.

Die Idee, welche den „vieux garçons" zum Grunde liegt, ist etwas abgebraucht: der Celibataire sei für den Haushalt des Ehemannes dasselbe, was der Wolf für die Lämmerheerde; er finde kein Vergnügen am Weibe, als wenn er ohne Jagdschein auf dem Terrain eines andern auf den Anstand gehen könne. Aber die Ehemänner sind für realistische Figuren viel zu dumm, ihre Gegner viel zu ungeschickt dargestellt, und die ganze Frage nicht in ihrer Breite erfaßt. Denn wenn auch die alten Junggesellen durch ihre in steter Steigerung begriffene Anzahl dem ehelichen Frieden gegenüber eine immer gefahrdrohendere Stellung einnehmen, so ist diese Erscheinung doch keineswegs, wie Sardou meint, aus bloßen Gründen der allgemeinen décadence, der sinnlichen Raffinerie, zu erklären, sondern es spielen hier, ähnlich wie in der Frauenfrage, auch das sociale Problem, die allgemeine Geldnoth, die schlechte Besoldung der Beamten, die überspannten Meinungen von Repräsentation in der Gesellschaft u. s. w. eine hervorragende Rolle. Sardou hätte dies wenigstens andeuten sollen, er hätte sollen in dem diabolischen Lächeln seiner Muse nicht den schalkhaften Zug vermissen lassen, welcher dem Sünder gegen die Ehe verzeiht, weil ihm die süßen Trauben derselben zu hoch hängen.

Jedoch hat Sardou in diesem, wie in den meisten seiner Lustspiele, die nach einer poetischen Erquickung dürstende Phantasie nicht gänzlich wollen verschmachten lassen. Mitten in den Höllenbreughel seiner eingeteufelten alten Sünder hat er die lichte Gestalt einer jungen ungetrübten Mädchenseele gemalt, und durch diesen Frühlings-Sonnenblick sich auch einen Platz in dem Gemüth des Zuschauers gesichert. Die Pianoscene in den „alten Junggesellen" ist ebenso voll frischer naiver Empfindung, wie in den „braven Landleuten" die Scene des dritten Aktes, in welcher Geneviève und Henri Morisson „zehn Minuten lang" allein miteinander sind, voll reizender unschuldiger Coquetterie und Naivität.

Aber leider krankt auch dieser schöne Zug, welcher sich übrigens fast bei allen Realistikern findet, an der unleidlichen Consequenzmacherei dieser Schule. Die jungen Leute, die Repräsentanten der Pariser männlichen demi-monde, sind von einer ebenso abschreckenden Leichtigkeit der Sitten und einer ebenso affreusen geistigen Rouerie, wie die jungen Mädchen von einer wahrhaft erbarmenswerthen chemisch-reinen Engel-Unschuld. Ich will keineswegs in Abrede stellen, daß beide entgegengesetzte Charaktere genau nach dem Leben gezeichnet sind; aber hier zeigt sich eben der große Unterschied zwischen den Anforderungen, die die Kunst und die das Leben an den Menschen machen. Das letztere verlangt Wahrheit, Strenge, Ernst; die Kunst Heiterkeit, Milde, Wahrscheinlichkeit; und wahrscheinlich psychologisch und dramatisch wahrscheinlich sind weder die jungen Männer mit den alten Köpfen, noch die jungen Mädchen mit dem ewigen seraphischen Lächeln des Paradieses.

Oder soll man an die Wahrscheinlichkeit einer Figur wie der Geneviève in den „braven Landleuten" glauben, wenn man diese siebzehnjährige Nichte der in Liebesangelegenheiten sehr erfahrenen Baronin wie ein Gänschen schnattern hört, das kaum die Eierschaale der Backfischjahre abgeworfen; wenn man sieht, wie sie ihren Geliebten, den jungen Advokaten Morisson, welcher für sie der Inbegriff aller männlichen Tugenden ist, gleichwohl wie einen höchst gefährlichen Don Juan behandelt und ihn bittet, ihr immer zehn Schritt vom Leibe zu bleiben; wie sie ihm dann dennoch die Schlüssel zur „grünen Pforte" des Parks einhändigt, um zwar nicht ihr, aber dem

Herrn Baron einen Besuch abzustatten und um ihre Hand anzuhalten. Ist das nun nicht wieder eine höchst raffinirte Coquetterie oder was ist es?

Abgesehen von dergleichen mannichfachen intellektuellen Fehlern sind jedoch die „braven Landleute" eine der besten dramatischen Sittenschilderungen, welche die realistische Periode aufzuweisen hat. Der Kontrast zwischen der angeblichen ländlichen Sitteneinfalt und der bewußten Pariser décadence ist mit kräftigen, durchaus wahrhaften Farben geschildert. Die Nähe großer Städte, so lautet die Moral des Stücks, ist für den Charakter und die Sitten der Landbewohner verderblicher, als der vorübergehende Aufenthalt für den Städter auf dem Lande angenehm und nützlich ist. Denn dieser will entweder seine falschen Vorstellungen von Sinn für Natur und einfacher Lebensweise dem Bauern, welcher seinerseits den Städter wie der Indianer den Yankee ansieht, octroyiren oder er will sich zum Tyrannen der Dorfgemeinde aufwerfen, indem er den Schein des Wohlthäters annimmt und die Segnungen der städtischen Kultur auf ein unfruchtbares Terrain fallen läßt. Die erste Rolle spielt in den „braven Landleuten" der alte Morisson, ein zur Ruhe gesetzter Pariser bourgeois, welcher auf's Land geht wie ein echter Großstädter, um hier die glückliche Insel des Friedens zu entdecken, aber, nachdem ihn der Baron, der Cäsar des Dorfes, einige Blicke in die fast täglichen Pulverschwörungen und rabulistischen Umtriebe des Triumvirats der Landgemeinde, unter denen der Apotheker Floupin die erste Stelle einnimmt, hat thun lassen, sehr bald von seiner irrigen Meinung geheilt ist und zu der Erkenntniß gelangt, daß ein Spaziergang im Pariser bois de boulogne doch einer Promenade auf der Dorfstraße vorzuziehen sei, wo man beständig von Staub und Schmutz und von den groben Späßen der müßiggängerischen Straßenjugend belästigt wird. Der Baron dagegen führt die Rolle des Pioniers der städtischen Kultur mit aller Kraft und Umsicht durch, welche sich von einem auf der Höhe der modernen Bildung stehenden Manne erwarten läßt. Er behandelt die Bauern, wie große Kinder; er fragt nicht erst an, wenn er im Gemeinwesen eine Verbesserung einführen will, sondern kraft seiner obrigkeitlichen Gewalt als maire der Gemeinde spielt er die Vorsehung des Dorfes; er giebt ihm eine neue Feuerlösch-Einrichtung; er verbreitert und verbessert die Vicinal-Wege u. s. w. u. s. w. und ist zufrieden, wenn sie es geschehen lassen, ohne ihm die Arbeit allzuschwer zu machen.

Um diese ganze Rolle zu verstehen, muß man freilich in Betracht ziehen, daß in Frankreich und ganz besonders im Seine-Departement, wo unser Stück spielt, der Bauer auf einer viel niedrigeren Stufe der socialen Bildung steht, als in deutschen Landen, wo eine dergleichen zwangsweise Verrückung der städtischen Kulturgrenzen nicht nur eine Unmöglichkeit, sondern ein großer Nachtheil für die in ihrer Art mit der städtischen rivalisirende Bildung der Landbevölkerung wäre.

Der Baron befindet sich zu der Gemeinde, mit der er diese Regenerations-Kur par force vornimmt, keineswegs in irgend einem patriarchalischen Verhältniß nach Art des deutschrechtlichen Verhältnisses der Gutsherrn zu den ihnen zinspflichtigen Bauernschaften. Ein solches Verhältniß würde, wie gesagt, einen modernen Ritter der städtischen Kultur gar bald vom Pferde werfen; denn die deutschen Bauern wissen besser, was ihnen frommt, als ein des großstädtischen Lebens überdrüssiger Aristokrat. Der Baron hat sich, wie ein griechischer Tyrann, oder sagen wir: wie ein aus Rom ausgewiesener Catilina, zum Herrn einer nichtsahnenden Schafheerde von Bauern aufgeworfen; nur daß er, statt die Schafe zu scheeren, sie mästet und pflegt und sich freut, wenn sie durch lautes Blöken ihr Behagen zu erkennen geben.

Da Herr Sardou ein Realistiker ist, so müssen wir diesmal, wo es sich in der That um wirkliche Zustände des praktischen Lebens handelt, seiner Schilderung vollen Glauben schenken und können darnach mit gutem Gewissen, ohne jeglichen Pharisäismus, ausrufen: Wohl uns, daß es in unserm Deutschland nicht so aussieht, wie in Frankreich.

Was den psychologischen Theil der Komödie anbelangt, so betrifft dieser mehr die braven Stadtleute, und ist die schwächere Seite des Stückes. Der Baron theilt das Schicksal sehr vieler praktischthätiger Ehemänner, daß ihm, während er mit der Beglückung der Landleute alle Hände voll zu thun hat, seine Frau aus purer langer Weile ungetreu wird oder doch wenigstens den Versuch dazu macht, den sie allerdings noch rechtzeitig wieder aufgibt, und auf diese Weise die schon zum tödtlichen Streich erhobene Waffe ihres Mannes zur friedlichen Rückkehr in die Scheide veranlaßt.

Diesen Theil nenne ich schwach, weil er aus den gewöhnlichen Ingredienzen der dramatischen ragouts, aus Liebesschwüren, nächtlichen Rencontres im Schlafzimmer der Baronin, der Entlarvung des die Maske eines Einbrechers annehmenden ehebrecherischen Complicen, ferner aus der schon berührten Ehestands=Scene, Duell=Vorbereitungen und schließlichen allseitigen Friedens-Traktaten componirt ist.

Sardou's dramatische Laufbahn hat unzweifelhaft ihren Höhepunkt noch nicht erreicht. Der höchste Ehrenpreis, Mitglied der französischen Akademie zu sein, wie es Augier und Fenillet sind, ist ihm noch nicht zu Theil geworden. Aber wenn er früher oder später die letzte Stufe des akademischen Olymps betreten wird, um unter die literarischen Halbgötter Frankreichs aufgenommen zu werden, so mag er sich erinnern, wie Herkules, nachdem er seine zwölf Arbeiten auf Erden vollendet, von dem Vater der Götter und Menschen mit der Hand Hebe's, der süßen Nektar spendenden Göttin, beglückt wurde.

Und dieses Wort an alle Realistiker! Ihr kämpft, mit der rothen Fahne des blutwarmen Lebens in der Hand, für den Genuß des Augenblicks, für die ephemeren Freuden eines Nachtfalter=Daseins; ihr preiset die Reize und Künste der zur öffentlichen Dirne prostituirten Muse. Aber bedenket, daß, wenn ihr die scharfen Messer eurer Kritik an den lebendigen Körper eurer eignen Zeit ansetzt, die Gefahr unvermeidlich ist, zu tief in das Fleisch der Seele zu schneiden und, statt sie von ihren krankhaften Auswüchsen zu befreien, den geistigen Nerv, der zuweilen in der Form der Krankheit zur Erscheinung kommt, für immer zu ertödten. Die Materie ist an und für sich todt, von ihr ist keine neue Lebenskraft für kommende Geschlechter zu erhoffen. Das lebenspendende Element ist und bleibt der Geist und die Schönheit, dieses ewig junge Ehepaar, dessen Bund mit frevelnder Hand zu zerreißen die schwerste Sünde ist, deren sich die Kunst schuldig machen könnte: darum laßt uns, so lange es noch Zeit ist, die fleischliche Venus und den Zauberkreis ihrer materiellen Freuden verlassen, damit es uns nicht so gehe, wie dem armen Tannhäuser, und wir die schwere, vergebliche Pilgerfahrt nach Rom antreten müßten.

Druck von Hermann Blanke in Berlin, Hofrathelerstraße 14.